DESCRIPTIONS *DES ARTS* ET MÉTIERS.

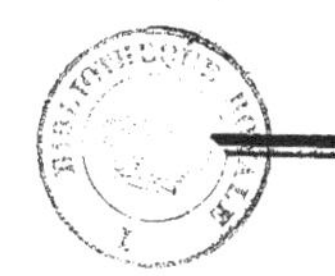

DESCRIPTIONS
DES ARTS
ET MÉTIERS,

FAITES OU APPROUVÉES

PAR MESSIEURS

DE L'ACADÉMIE ROYALE
DES SCIENCES.

AVEC FIGURES EN TAILLE-DOUCE.

A PARIS,

Chez DESAINT & SAILLANT, Libraires, rue Saint Jean de Beauvais.

M. DCC. LXI.

Avec Approbation & Privilege du Roi.

AVERTISSEMENT.

L'OUVRAGE que nous préſentons au Public, eſt le fruit d'un travail commencé depuis long-temps par l'Académie Royale des Sciences. Cette Compagnie étoit à peine formée qu'elle conçut le projet d'examiner & de décrire ſucceſſivement toutes les opérations des Arts méchaniques, perſuadée que cette entrepriſe pouvoit également contribuer à leur progrès & à celui des Sciences.

SI LES ARTS nés dans l'obſcurité, & lentement avancés de ſiecle en ſiecle par les tâtonnements de l'induſtrie, ont précédé de beaucoup l'établiſſement des Compagnies ſavantes ; on ne peut s'empêcher de reconnoître qu'ils ont fait des progrès rapides dans les temps, & dans les Etats où les Sciences ont été cultivées avec plus de ſuccès. On en ſera bien-tôt convaincu ſi l'on veut comparer l'état préſent de l'Horlogerie, de l'Artillerie, des Arts qui concernent la Navigation, de ceux qui fourniſſent les Inſtruments de Géométrie, d'Optique, d'Aſtronomie, de Chirurgie, enfin de pluſieurs autres Arts relatifs aux travaux ordinaires des Académies, à l'état où ces mêmes Arts étoient il y a cent ans ; on y verra des différences immenſes qui ne ſont point dûes au hazard, mais aux efforts que l'on a faits depuis cette époque pour perfectionner la Géométrie, la Méchanique, la Chymie, l'Optique, l'Anatomie, &c.

NE DOIT-ON PAS attendre de nouveaux degrés de perfection dans les Arts, lorſque des Savants exercés ſur les différentes parties de la Phyſique ſe donneront la peine d'étudier & de développer les opérations ſouvent ingénieuſes que l'Artiſte exécute dans ſon attelier ; lorſqu'ils verront par eux-mêmes les beſoins de l'Art, les bornes où il s'arrête, les difficultés qui l'empêchent d'aller plus loin, les ſecours qu'on peut faire paſſer d'un Art dans un autre, & que l'Ouvrier eſt rarement à portée de connoître. Le Géometre, le Méchanicien, le Chymiſte, donneront des vues à l'Artiſte intelligent pour ſurmonter les obſtacles qu'il n'a point oſé franchir. Ils le mettront ſur la voie pour inventer des nouveautés utiles ; en même temps ils apprendront de lui quelles sont les parties de la théorie auxquelles il faudroit s'appliquer davantage pour éclairer la pratique, & pour assujettir à des regles sûres, un nombre d'opérations délicates qui dépendent de la justesse du coup d'œil, ou d'un tour de main, & dont la réussite n'est que trop souvent incertaine.

C'est dans cette vue que l'Académie des Sciences dirigeant toujours ses travaux vers les choses utiles, avoit inspiré aux Membres qui la composent le desir de concourir à la description des Arts. Depuis le commencement de ce siecle, elle n'a pas cessé de rassembler des matériaux pour y parvenir ; mais l'objet est immense, & ne peut être rempli que par la suite des temps. Feu M. de Réaumur avoit été chargé de recueillir un assez grand nombre de Mémoires déja faits par plusieurs Académiciens, ainsi que d'autres envoyés des différentes Provinces de la France, ou des Pays Etrangers. Les Mémoires sur les Arts se sont multipliés ; un grand nombre d'atteliers, d'opérations, de machines, d'instruments & d'outils, ont été dessinés & gravés sous un même format ; & l'Académie possede à présent plus de deux cents Planches servant à leur description. L'Ouvrage seroit plus avancé, si plusieurs morceaux ne se trouvoient pas égarés.

Heureusement il lui reste encore assez de matériaux pour fournir incessamment les descriptions complettes d'un grand nombre d'Arts : ces matériaux ont été distribués en 1759, aux Académiciens, dont les études se sont portées principalement du côté de la Méchanique & de la Physique. En se chargeant d'achever les descriptions déja commencées, & d'ajouter à celles qui ont été faites au commencement de ce siecle les nouvelles pratiques, les nouveaux procédés qui ont été inventés depuis, & qui sont à présent en usage, ils se feront un devoir de rendre justice à tous ceux qui les auront précédés ou secondés dans ce travail, en faisant honneur à chacun d'eux des Ouvrages qu'il aura fournis : ils profiteront avec reconnoissance des Mémoires qui pourront être envoyés désormais à l'Académie, concernant la description ou la perfection des Arts. Elle nous autorise même à déclarer de sa part, que son intention est de publier sous les noms de leurs Auteurs, & d'insérer en tout ou en partie dans la Collection qu'elle prépare les Ouvrages bien faits en ce genre qui lui feront préfentés, foit par d'habiles Artiftes, foit par des Savants étrangers, après qu'ils auront été examinés & approuvés dans la forme ordinaire ; ainfi qu'elle a déja publié en différents temps, des recueils de Differtations Mathématiques & Phyfiques, foumifes à fon jugement par des Savants étrangers ou régnicoles, lorfqu'elle a trouvé dans leurs Ouvrages des obfervations & des recherches capables de contribuer à l'avancement des Sciences.

L'ACADÉMIE ayant excité, par cette efpece d'adoption, l'émulation de ceux qui cultivent les Sciences, fans appartenir à aucun Corps Académique ; elle a lieu d'efpérer que les Citoyens verfés dans la connoiffance des Arts, & les Artiftes du premier ordre, s'empefferont de concourir à la perfection des monuments qu'elle veut ériger à l'induftrie humaine : la carriere eft trop vafte pour ne pas l'ouvrir à tous ceux qui font en état de s'y diftinguer, & l'on ne peut employer à la fois trop de mains habiles pour accélérer l'exécution d'une entreprife qui peut être utile à notre fiecle, & plus encore à ceux qui le fuivront ; c'eft épargner à la poftérité beaucoup de temps & de peine, fi les Arts avoient encore à fubir de ces grandes révolutions qui les ont autrefois prefque anéantis.

IL SEROIT à fouhaiter fans doute qu'on pût dès-à-préfent réunir, foit en un feul, foit en plufieurs volumes les Arts qui ont entr'eux des relations prochaines, par exemple, tous les Arts qui façonnent le fer, ceux qui travaillent l'or & l'argent ; ceux qui trament des tiffus de toute efpece : mais comme il feroit très-difficile de faire achever en même temps les defcriptions propres à former des volumes complets & fuivis, avec les enchaînements néceffaires, l'Académie, pour ne point mettre de nouveaux obftacles à la publication d'un Ouvrage long-temps attendu, fe borne, quant à préfent, à donner les defcriptions des Arts par cahiers féparés, dont chacun contiendra le tableau complet d'un Art avec tous les détails néceffaires, repréfentés dans des planches gravés avec foin.

EN LES PUBLIANT ainfi féparément, on ménage aux Artiftes la facilité de fe procurer à peu de frais les Traités des Arts qu'ils exercent, ou de ceux qu'ils voudroient connoître, fans être obligés d'en acheter en même temps d'autres qui leur feroient moins nécefſaires ; c'eſt un moyen de les répandre davantage, ſur-tout dans cette claſſe de Citoyens utiles auxquels ils ſont principalement deſtinés.

LORSQUE l'Ouvrage ſera ſuffiſamment avancé, pour que l'on puiſſe penſer à en former des ſuites, ceux qui ſe ſeront procurés les cahiers précédemment diſtribués, pourront, en rangeant les différents Arts ſelon l'enchaînement qu'ils ont entr'eux, former des Volumes, où ils ſeront maîtres de choiſir l'ordre qui leur paroîtra le plus convenable.

ART DU CHARBONNIER,

OU MANIERE DE FAIRE LE CHARBON DE BOIS ([1]).

Par M. Duhamel du Monceau.

La maniere de faire le Charbon de bois est assez simple pour que l'art du Charbonnier paroisse peu intéressant. Peut-être en sera-t-il plus propre à faire voir qu'il n'y a aucune partie de la Physique & des Arts qui ne mérite d'être examinée, & qu'il nous manque encore bien des connoissances utiles sur les choses les plus communes ([2]).

Ce que c'est que le Charbon.

Un morceau de bois embrasé & assez consumé, pour que l'action du feu ait pénétré jusqu'au centre, étant éteint, ou, comme l'on dit, étouffé, parce qu'on a empêché la communication de l'air qui est nécessaire pour entretenir le feu ; ce morceau de bois fait une espece de charbon, mais un charbon qui se consume promptement, sans donner beaucoup de chaleur, parce que la matiere inflammable a été en partie dissipée. Aussi distingue-t-on cette espece de charbon, de celui qui est bien conditionné : celui-ci s'appelle *Charbon*, & l'autre *de la Braise* ([3]).

Quand, dans la cheminé d'un appartement, le bois est assez consumé pour ne plus fumer, on couvre ce qui reste avec une cloche de fer ; la communication avec l'air étant supprimée, le feu s'éteint, & on trouve de la braise sous la cloche. Les Boulangers font de même de la braise, en étouffant

([1]) L'usage du charbon est fort ancien, puisque Théophraste & Pline parlent de la maniere de faire le meilleur charbon, & de l'usage des charbons de différents bois.

([2]) Je n'ai trouvé dans les Porte-feuilles de M. de Reaumur, que la Planche & une explication un peu ample des figures.

([3]) Le terme de *braise* s'employe aussi pour signifier cette portion embrasée qui reste dans l'atre après que le bois est brûlé. On met de la braise dans les chauffrettes. Sur les Ports de Paris, on appelle le charbon réduit en petits morceaux, *de la braise*, & dans ce sens, l'on dit : *Le charbon de ce bateau n'est pas bon, ce n'est presque que de la braise* ; effectivement, ce défaut peut venir de ce qu'il a été trop brûlé.

une portion du bois qu'ils employent pour chauffer leur four, avant qu'elle soit réduite en cendres. La façon de faire la braise, se réduit donc à brûler le bois, jusqu'à ce que ne répandant presque plus de fumée, il soit en partie consumé ; alors on supprime subitement la communication de l'air qui est nécessaire pour alimenter le feu, soit en couvrant les parties embrasées avec une cloche de métal, comme nous venons de le dire, soit en le renfermant dans des boîtes de tôle, qu'on nomme *des étouffoirs* : le feu s'éteint, & il reste une substance noire, légere, poreuse, très-aisée à embraser, & qui se consume promptement, sans presque former de flamme & sans produire une chaleur vive. Voilà qui donne une idée assez exacte de cette espece de charbon qu'on nomme *de la braise* (1). On apperçoit que dans la façon de faire ce charbon il y a deux grands défauts : premiérement, on dépense beaucoup de bois pour obtenir peu de charbon : secondement, ce charbon est très-pauvre de parties inflammables, ce qui fait qu'il se réduit promptement en cendre sans produire beaucoup de chaleur. Nous ferons voir dans la suite, par quelle industrie les Charbonniers remédient à ces inconvénients ; mais avant d'entrer dans aucun détail sur l'art du Charbonnier, il faut encore mieux établir la différence qu'il y a entre la braisse & le charbon.

De la différence qu'il y a entre le bon Charbon & la Braise.

Le bon Charbon répand, en s'embrasant, une vapeur très-pernicieuse & capable de suffoquer les animaux qui respirent l'air qui en est chargé. Les lumieres s'éteignent, ou du moins brûlent difficilement, quand on les tient long-temps dans un air très-chargé de ces vapeurs. Cela n'arrive pas à la braise ; il s'en faut beaucoup que les vapeurs qu'elle répand, quand on l'allume, soient aussi pernicieuses que celles du charbon : elle a cela de commun avec les charbons qui produisent peu de chaleur ; car ils répandent moins de ces vapeurs, que ceux qui chauffent beaucoup (2).

La ressemblance qu'il y a entre les vapeurs qui s'exhalent du charbon & celles du soufre brûlant, ou des liqueurs qui fermentent, prouve assez clairement qu'il y a une plus grande abondance de phlogistique dans le charbon que dans la braise. Car ce seroit sans aucun fondement qu'on regarderoit la chaleur de l'air où l'on allume du charbon, comme la cause qui éteint les lumieres & qui suffoque les animaux, puisqu'on subsiste lorsque la chaleur de l'air fait monter le Thermometre de M. de Reaumur à 30 degrés au-dessus de zéro ; au lieu qu'on seroit suffoqué sur le champ, dans un

(1) Le prix de la braise est ordinairement à celui du charbon, comme 3 est à 8 : à Paris, elle ne peut être vendue qu'à la petite mesure.

(2) Les propriétés mal-faisantes des vapeurs du charbon sont connues depuis long-temps ; car il estdit que le Proconsul Julien, Gouverneur des Gaules, pensa être souffoqué par la vapeur du charbon.

cabinet, où le charbon qu'on y allumeroit, ne feroit monter le même thermometre, qu'à 12 ou 15 degrés. D'ailleurs, l'abondance du phlogiſtique dans le charbon, eſt prouvée par la régénération du ſoufre, au moyen de l'acide vitriolique, par la révivification des chaux métalliques, &c. Il faut donc conclure de ce que nous venons de dire, que le phlogiſtique ou la matiere inflammable exiſte dans la braiſe, mais en beaucoup moindre quantité que dans le charbon bien fait, où il eſt probablement animé par un peu d'acide vitriolique. Si l'on remarque encore que la fumée du bois n'eſt pas ſuffoquante comme celle du charbon, quoiqu'elle excite une cuiſſon très-douloureuſe dans les yeux, on peut attribuer cette différence à ce que le phlogiſtique qui s'échappe avec la fumée du bois embraſé, eſt mêlé de beaucoup d'eau & d'huile groſſiere qui en tempere l'activité, au lieu que le phlogiſtique du charbon n'eſt pas embarraſſé d'une aſſez grande quantité de matiere étrangere pour lui ôter ſon activité ; & il n'eſt pas douteux que la fumée du bois étoufferoit à la longue, ſi elle avoit acquis une certaine denſité.

Idée générale des changements qui arrivent au bois, quand on le cuit en Charbon.

Si l'on remplit une cornue de morceaux de bois, & qu'on conduiſe le feu par degrés pour l'entretenir long-temps très-violent, il paſſe d'abord dans le récipient une liqueur phlegmatique : cette liqueur jaunit peu-à-peu ; parce qu'elle devient d'autant plus chargée d'huile empyreumatique, qu'on avance plus dans la diſtillation ; il s'éleve quelques portions de ſel ; une huile fétide & épaiſſe paſſe enſuite dans le récipient ; & enfin le bois étant privé de tout ce qu'il peut fournir, il ne ſort preſque plus rien de la cornue.

Si l'on rompt la cornue pendant qu'elle eſt encore toute rouge, on trouve au dedans une braiſe ardente qui ſe conſume à l'inſtant ; mais ſi on laiſſe refroidir la cornue ſans la rompre, on trouve, au lieu du bois qu'on y avoit mis, des charbons qu'on peut allumer pour en faire du feu, ainſi qu'avec les charbons ordinaires. Que s'eſt-il paſſé dans cette opération ? D'abord preſque toute l'humidité du bois s'eſt diſſipée. Il s'eſt auſſi élevé, à l'aide d'un feu plus violent & avec un reſte d'humidité, une portion de l'huile contenue dans le bois. Je dis que cette portion d'huile a paſſé à l'aide de l'humidité & de l'action du feu, parce que quand l'humidité eſt entiérement diſſipée, le feu le plus violent ne peut détacher le phlogiſtique ou la matiere inflammable du charbon, puiſqu'il en reſte dans le charbon, quelque violent qu'ait été le feu, pouvu que les vaiſſeaux ſoient bien clos. Cela eſt ſi vrai, que ſi l'on met dans une cornue du charbon bien cuit, le feu le plus violent ne pourra en enlever qu'une petite quantité de phlegme légérement chargé d'huile empyreumatique : peut-être même n'obtiendroit-on rien du tout, si le charbon étoit bien sec & nouvellement tiré du fourneau.

Pour que ces expériences réussissent, il est important de les faire dans des vaisseaux bien fermés ; car le contact de l'air feroit dissiper le phlogistique, & le charbon consumé ne laisseroit que de la cendre. La même chose arrive dans les métaux imparfaits, qui ne peuvent se réduire par eux-mêmes en chaux dans les vaisseaux clos, mais qui s'y réduisent lorsqu'on les calcine dans des vaisseaux ouverts.

L'huile qui a passé par la distillation avec le phlegme, contient certainement beaucoup de matiere inflammable, & le charbon en seroit plus ardent ; s'il avoit été possible de la lui conserver. On prouve que l'huile empyreumatique contient de la matiere inflammable, non-seulement, parce que cette huile desséchée brûle ; mais encore, parce qu'avec elle on peut produire une matiere charbonneuse qui fait détourner le nitre ; & enfin, parce qu'avec cette matiere desséchée, on peut régénérer les chaux métalliques. Joignons à cela, que la suie de bois, qui contient certainement beaucoup de cette huile, s'enflamme & brûle assez long-temps.

Je soupçonne, que dans les vaisseaux clos, où il ne peut pas y avoir un renouvellement d'air, les fuliginosités chargées de matiere inflammable, étant réverbérées sur le bois que le feu décompose, elles le pénétrent intimement & elles en changent la nature comme nous allons le prouver.

On ne peut pas douter que, dans la distillation du bois dans une cornue, il ne s'éleve un peu de sel : il en sort aussi des grands fourneaux à charbon dont nous parlerons dans la suite ; car on apperçoit aux issues, par lesquelles la fumée s'échappe, une matiere jaunâtre, qui a une forme vermiculaire : elle ne s'enflamme point, mais mise sur la langue on y trouve un goût piquant ; c'est donc une matiere saline.

De la différenc equ'il y a entre le Bois & le Charbon.

Les bois de quelque espece qu'ils soient, perdent leur couleur lorsqu'ils sont convertis en charbon ; tous tirent plus ou moins sur le noir, ce qui peut venir en partie de leur grande porosité, qui fait qu'ils réfléchissent peu de lumiere. Mais ce noir est quelquefois terne & obscur ; c'est la couleur de la braise & des charbons trop consumés. D'autres charbons sont d'un noir violet & comme cuivré : ces especes de charbons sont produits par les bois durs bien cuits. Les bois blancs & les bois résineux donnent du charbon d'un noir pâle, tirant quelquefois sur le jaune, & d'autres paroissent verdâtres. Comme ces couleurs sont plus sensibles à la surface que dans l'intérieur des charbons, on pourroit en quelque maniere les comparer à un vernis huileux, qui seroit desséché à la superficie du charbon ; mais je laisse

aux

aux Physiciens à rechercher plus particuliérement la cause de ces différentes couleurs.

Le bois se fend suivant la direction de ses fibres, parce qu'elles éprouvent moins de difficulté à se séparer les unes des autres qu'à se rompre : le charbon se rompt à peu-près, avec autant de facilité de travers, que suivant la direction des fibres ligneuses, parce que dans sa cuisson, il est devenu en quelque sorte un corps homogene. On parviendra à donner aux fibres ligneuses une décomposition à peu-près pareille, en faisant bouillir un morceau de bois dans de l'huile ; ce fluide gras dissout la matiere grasse du bois ; la chaleur de l'huile bouillante fait évaporer toute l'humidité, & après cette exsiccation le morceau de bois n'éprouvera gueres plus de difficulté à se rompre qu'à se fendre ; ainsi il aura, à cet égard, acquis quelque chose de la nature du charbon.

Le bon charbon est plus sonore que le bois, parce qu'il est beaucoup plus desséché ; car on remarque que les bois deviennent d'autant plus sonores qu'ils sont plus secs ; & si l'on met tremper dans l'eau un morceau de charbon, il n'est plus sonore : les fumerons, qui ne sont pas assez cuits pour faire de bon charbon, ne rendent presque pas de son. La raison de cette différence est facile à appercevoir ; car dans le bois les fibres ligneuses sont séparées par des parties d'eau, au lieu que dans le charbon, les parties solides n'ont entr'elles que de l'air. L'air transmet le son, & l'eau l'absorbe. Quelle différence, par exemple, ne remarque-t-on pas entre le son d'un instrument qui reste dans l'air libre, ou de celui qu'on plongeroit dans l'eau ? Mais de plus, la substance du bois a éprouvé dans la cuisson un changement considérable, & elle a acquis une dureté qu'elle n'avoit point auparavant, puisque le charbon mord sur les métaux : elle se présente dans le charbon sous l'apparence d'un vernis très-desséché ; & ses parties rigides sont propres à produire le son.

Le bois, en brûlant, répand beaucoup de fumée, sur-tout quand il est humide ; & quand il est bien sec, il produit une grande flamme. Le charbon bien cuit & bien sec ne fume presque pas ; il s'en échappe seulement cette vapeur pernicieuse dont nous avons parlé plus haut. Au lieu des grandes flammes blanches qui s'élevent du bois, on n'apperçoit sur un brasier de charbon qu'une petite flamme bleue ou violette qui même caractérise le charbon bien fait ; ce qui vient de ce qu'il a perdu non-seulement la plus grande partie de l'humidité que contenoit le bois, mais aussi son huile la plus grossiere. Le charbon jette donc peu de flamme ; mais il peut être pénétré plus vîte par le feu qui s'y est ouvert des passages de toutes parts en en chassant l'humidité qui, comme l'on sait, fait un obstacle à la propagation du feu ; & delà vient que le feu de bois est, à quelques égards, moins ardent que celui du charbon, parce que l'action des parties ignées est tempérée par les vapeurs humides qui s'en échappent.

Le bois se pourrit en terre & se réduit en terreau ; mais le charbon est une matiere incorruptible qui reste en terre des siecles entiers sans se décomposer [1]. Beaucoup d'Insectes se nourrissent du bois ; je n'en connois aucun qui attaque le charbon.

En réfléchissant sur ce parallele, il semble que dans la cuisson du bois pour le convertir en charbon, il se dissipe beaucoup d'humidité & une portion huileuse très-inflammable, mais intimement mêlée avec du phlegme ; & peut-être que ce phlegme qui se réduit en vapeurs, augmente l'activité du feu, & contribue à diviser les parties les plus intimes du bois. D'un autre côté, il paroît que, quand on forme un obstacle à la dissipation de la matiere inflammable, elle se réverbere sur la partie terreuse du bois ; elle met en fusion une huile plus fixe, & elle en fait comme une espece de bitume qui produit les différences essentielles qu'on remarque entre le charbon & le bois.

On fait une espece de charbon avec le charbon fossile en enflammant cette substance dans des fourneaux, & en l'éteignant dans de l'eau : par l'inflammation on dissipe une matiere sulphureuse qui rend une mauvaise odeur, c'est pourquoi on l'appelle du charbon désulphuré, & on cuit le bitume qui abonde dans ce fossile. Quoique ce charbon differe beaucoup de celui du bois, il s'en rapproche à quelques égards, puisqu'il devient plus aisé à allumer, & qu'il répand beaucoup moins de fumée ; de plus il devient un peu sonore, & ses parties prennent un œil brillant différent de ce qu'elles étoient lorsque le charbon de terre étoit crud, ce qui fait appercevoir que le bitume s'est fondu, comme nous soupçonnons que cela arrive au charbon de bois.

On voit par ce qui vient d'être dit, que le charbon de bois peut mériter l'attention des Physiciens ; mais de plus cette substance est intéressante pour la société : car le charbon fournissant l'aliment du feu, on le brûle dans les cuisines ; & dans quantité d'Arts on ne peut s'en passer, puisque indépendamment des usages qu'on en fait dans les maisons, il est d'une absolue nécessité pour l'exploitation des Mines. Il est bon d'être prévenu à cet égard

[1] Il n'est point ici question de la décomposition qu'on peut faire du charbon par les opérations de Chymie ; néanmoins ce que je viens de dire sur l'incorruptibilité du charbon a engagé M. le Comte de Lauraguais à me fournir la note suivante ; c'est lui qui parle :

» Tout charbon de bois mis en poudre & projetté » sur un sel alkali fixe, très-pur & fondu dans un » creuset embrasé, s'y dissout avec une effervescence » assez vive. La masse refroidie & cassée est » parsemée d'une infinité de points rougeâtres ; elle » a une forte odeur de foie de soufre ; & si l'on en » fait la lessive, qu'on la précipite avec un acide & » qu'on la filtre, on a une poudre grise, laquelle » mise sur les charbons embrasés brûle, donne une » flamme bleue, & répand une forte ordeur d'acide » sulphureux volatil ; en un mot c'est du vrai soufre. » Cette expérience m'a réussi sur toute sorte » de charbons, avec cette différence qu'il y a des » bois qui en donnent plus les uns que les autres, & » ce sont ceux qui contiennent plus d'acide vitriolique, » comme celui de Chêne.

» Lorsque j'ai fait cette expérience, je croyois » être le premier ; mais Stahl l'avoit faite avant » moi, &c.

Quoi qu'il en soit de cette note de M. le Comte de Lauraguais, l'incorruptibilité du charbon étoit connue du temps de Vitruve qui en parle : il dit qu'on mettoit alors du charbon sous les pierres qu'on plaçoit juridiquement pour borner les héritages. Car s'il arrivoit quelque contestation, on levoit la pierre, & l'existence du charbon marquoit qu'elle avoit été placée pour servir de borne, & non pas par hazard.

que non-feulement le charbon eft néceffaire pour fondre la Mine de fer, mais même que les différentes efpeces de charbon influent beaucoup fur la qualité du fer ; car on prétend que certains charbons de bois rendent le fer doux, pendant que d'autres l'aigriffent. Mais d'où peut venir cette différence ? Quels font les charbons les plus propres à faire du fer doux ? N'y a-t-il point de choix à faire dans l'efpece de bois dont on fait le charbon, dans le temps où on coupe les arbres, dans l'âge des arbres ? Toutes ces queftions font intéreffantes. On fait, à n'en pouvoir douter, que le charbon de bois eft très-propre à fondre les Mines, & qu'on ne peut pas ufer du charbon de terre pour cet ufage, à moins qu'on ne fache empêcher le foufre du charbon foffile d'attaquer le métal, au lieu que le phlogiftique du charbon de bois fert à l'adoucir, & à révivifier celui qui feroit réduit en chaux : au contraire, quand il s'agit de forger de groffes maffes de fer, par exemple des ancres, il faut avoir recours au charbon de terre, qui produit plus de chaleur. Toutes ces obfervations nous préfentent autant de queftions de Phyfique qui ne font pas aifées à éclaircir. Lorfque l'occafion s'en préfentera, nous jetterons fur ces difficultés le plus de lumiere qu'il nous fera poffible ; nous hazarderons même quelques conjectures, bien perfuadés que nos efforts engageront les Phyficiens à porter leur attention fur des objets qui en font bien dignes. Pour le prouver nous allons donner une idée générale de la confommation énorme qui fe fait du charbon de bois.

La quantité de bateaux remplis de charbon qui arrivent journellement à Paris ([1]) eft une preuve fuffifante qu'il fe fait dans les villes confidérables une grande confommation de cette matiere ; mais qu'eft-ce que cette confommation en comparaifon de celle qui fe fait dans les fourneaux des forges ? Il n'y a perfonne qui ne foit étonné des grands approvifionnements qu'on en fait fous de vaftes hangards où on le tient à l'abri des injures de l'air ; mais ce premier coup d'œil ne fuffit pas pour faire appercevoir jufqu'où va cette confommation ; il eft bon cependant qu'elle foit connue au moins de ceux qui après avoir fait la découverte d'une Mine, feroient tentés de l'exploiter, afin qu'ils puiffent calculer fi les bois de leur voifinage fuffiroient pour leur entreprife.

Un fourneau confume chaque jour environ huit mefures de charbon appellées *Bannes* : il faut quatre cordes de bois pour faire une banne de charbon ; ainfi un feul fourneau brûle chaque jour la valeur de trente-deux cordes de bois ; & fur ce pied un fourneau confume par an 11680 cordes de bois. Or un arpent de taillis en coupe de vingt ans ne donne à chaque coupe qu'environ trente-fix cordes de bois.

([1]) Il arrive à Paris du charbon par charrois des boqueteaux voifins de Crecy-en-Brie, des bois de Tournan, d'Ozoy-la-Feriere, de Montfort-Lamaury, &c. Il en vient par eau du Morvant, du Nivernois, de la Bourgogne, qu'on charge à Auxerre, à Joigny, à Sens, à Villeneuve-le-Roi. On en fait paffer par les Canaux de Briare & d'Orléans. Il en arrive de Chauny, de Compiegne, par l'Oife qui fe rend dans la Seine à Conflans-Sainte-Honorine. Enfin il en vient par la Marne, qui entre dans la Seine à Conflans près Charenton.

Quoique cet exposé de la dépense qu'occasionne un fourneau de forge ne soit que le résultat de calculs qui ne peuvent fournir que des à-peu-près, je les regarde néanmoins comme suffisants pour guider dans la plupart des entreprises, & pour faire appercevoir bien sensiblement l'importance des recherches qu'on peut faire sur cette matiere [1].

Des différentes especes de Bois qu'on employe pour faire le Charbon.

On peut faire du charbon avec toutes sortes de bois ; mais une des premieres conditions est de n'employer que du bois dont l'espece soit très-commune : car, comme on vient de le voir, la consommation en étant très-considérable, le prix doit en être modique, puisque le bois diminue presque des trois quarts de son volume en se convertissant en charbon.

La qualité du charbon varie suivant l'espece de bois qu'on brûle. On fait avec les bois durs, du charbon qui donne beaucoup de chaleur [2]. C'est ce qui fait que dans certaines occasions on donne la préférence au charbon d'Epine & à celui de Chêne : le charbon de Hêtre & celui de Charme viennent ensuite ; mais les charbons de bois durs sont sujets à beaucoup pétiller, ce qui, dans certains cas, peut produire des inconvénients.

Les charbons de bois tendre, comme le Bouleau, le Tremble, le Peuplier, le Tilleul, le Pin, n'ont pas ce défaut ; & s'ils ne font pas autant de chaleur que les autres, on prétend qu'ils procurent (& particuliérement celui de Pin) plus de douceur aux métaux, peut-être parce qu'ils contiennent moins d'acide vitriolique [3]. On veut aussi que le charbon de bois blanc soit préférable aux autres pour faire de la poudre à canon : ce sentiment est généralement adopté dans l'Artillerie, & l'Ordonnance veut qu'on n'employe, pour la poudre à canon, que du charbon de Bourdaine [4]. On m'a assuré que les Anglois employent, pour la poudre à canon, du charbon fait avec les jeunes branches de Saule. Le charbon de bois blanc est fort doux & d'une dureté uniforme, ce qui fait qu'on l'emploie à polir les métaux, & à faire des crayons pour les Dessinateurs ; mais pour ce petit usage le charbon de Fusain mérite la préférence. La poudre de ces charbons tendres sert aux Brodeurs & aux Tapissiers, à transporter leurs desseins sur les étoffes, au moyen d'un papier piqué suivant les contours du dessein, ce qu'on appelle *poncer*.

(1) M. Robert, Maître de Forge en Angoumois, n'hésite pas de dire qu'une forge consume plus de bois qu'il n'en faut pour chauffer deux petites Villes. Ce qui est dit sur la consommation d'un fourneau m'a été fourni par un bon Maître de Forge ; néanmoins j'ai peine à me persuader qu'il n'ait pas exagéré la consommation du bois.

(2) Théophraste donne la préférence aux bois durs & compactes, indiquant entr'autres le Chêne & l'Arbousier ; il veut qu'ils soient jeunes, droits, unis ; & il dit que les bois qui ont crû en terrein sec & exposés au soleil, sont meilleurs que les autres.

(3) Théopraste dit que les charbons de différents bois ont des avantages particuliers ; que celui qui est fait avec le bois de Noyer, rend le fer doux ; que celui des bois résineux convient aux Orfevres, &c.

(4) M. le Chevalier d'Arci pense que le Charbon de bois dur, même de Gayac, est aussi bon que celui de bois blanc.

De

De l'âge que doivent avoir les Arbres qu'on abat pour en faire du Charbon.

Comme il faut que l'action du feu pénetre jusqu'au centre des morceaux de bois qu'on cuit en charbon, il y auroit de l'inconvénient à employer pour cet usage de trop gros bois ; la superficie en seroit consumée avant que le centre des bûches fût réduit en charbon. Quand il arrive donc que les bûches sont trop grosses, on les fend, & on les réduit en cotrets ; mais outre qu'on estime mieux le charbon de jeune bois & de rondin, ce travail ne laisse pas d'être pénible, & d'occasioner une dépense qu'il faut éviter, pour une marchandise d'une aussi grande consommation que le charbon, & dont on ne peut porter le prix fort haut ; d'ailleurs le gros bois à brûler étant plus cher que le menu, on trouve plus de profit à n'employer que ce dernier pour faire du charbon. Enfin le bois trop vieux, & qui tomberoit en pourriture, ne feroit que de mauvais charbon, dangereux pour le feu, comme nous le dirons dans la suite : voilà bien des raisons pour destiner à faire du charbon les taillis de 18 à 20 ans, qui fournissent des rondins de 6 à 12 pouces de circonférence, plutôt que des branchages, qui ayant presque toujours le défaut d'être tortus, occasionnent des vuides dans l'intérieur du fourneau qui empêchent les Charbonniers de bien conduire leur feu. Au reste, dans les pays de forge, on convertit en charbon presque tous les taillis ; mais dans les forêts qu'on exploite en bois de charpente & en bois à brûler, on destine à faire le charbon tous les bois de branchage, & les mauvais taillis qui ne sont point propres à fournir du bois de corde ; ou bien dans les bons taillis on fait, aux dépens des fagots, de la corde menue pour convertir en charbon ; ce qui fait que, dans une forêt où la bonne corde coûte 12 livres, la corde pour le charbon ne se vend que 7 à 8 livres.

De l'Exploitation des Bois pour faire du Charbon.

On abat le bois destiné à faire du charbon, dans la même saison que tous les autres bois, c'est-à-dire, depuis celle où les feuilles tombent jusqu'au mois d'Avril où la seve s'éleve dans les arbres. Il y a quelques personnes qui pensent que le bois abattu l'hyver, étant moins chargé de seve, se desseche plus promptement : mais c'est une erreur ; car les pores du bois étant très-ouverts l'été, & la seve en mouvement, la dissipation de l'humidité se fait très-promptement ; c'est un fait dont je me suis assuré par nombre d'expériences. Cependant l'Ordonnance a agi très-sagement en prescrivant qu'on abattroit les bois l'hyver, parce que la souche en souffre moins, & qu'en abattant un bois lorsqu'il pousse, on perd immanquablement un bourgeon. Au reste, je n'ai point fait d'expériences qui me mettent en état de décider si la circonstance d'abattre les bois en différentes saisons influe sur la qualité du charbon.

Le bois n'est pas propre à faire du charbon quand il est trop humide, & quand il contient toute sa seve ; parce qu'il jette alors une fumée humide qui dérange les terres dont on couvre le fourneau ; comme ce bois brûle difficilement, on a peine à communiquer également le feu dans toutes les parties du fourneau, & les meilleurs Charbonniers ne peuvent empêcher qu'il ne reste beaucoup de fumerons. Quand on cuit le bois trop verd, on perd un quart de son charbon [1]. D'un autre côté, le bois trop sec seroit sujet à d'autres inconvénients : comme le feu se porteroit rapidement dans les différentes parties du fourneau, il y auroit beaucoup de déchet, & le charbon approcheroit de l'état de la braise : l'usage le plus ordinaire est donc de laisser le bois un an dans la Vente ou dans l'*Ourdon* [2] avant de le brûler. La plus grande partie du charbon destiné pour les fourneaux, se fait dans les mois de Septembre & Octobre ; mais pour les particuliers on commence dès le mois de Juillet. Néanmoins quatre mois d'été suffisent pour dessécher assez le menu bois ; il en faut au moins cinq pour dessécher les bûches refendues : si ce sont des mois d'hyver, il faut six semaines ou deux mois de plus.

Les Bûcherons coupent à deux ou deux pieds & demi de longueur le bois destiné à faire le charbon pour les forges, & à deux pieds & demi ou trois pieds pour l'usage ordinaire (*Fig.* 15), entre les deux coupes [3], c'est-à-dire, que la partie cylindrique de chaque morceau de bois a 2 pieds ou 2 pieds & demi, & suivant la grosseur du morceau de bois, les bouts forment un onglet *B*, ou une entaille (en terme d'Ouvriers, une gueule *A*) : il seroit mieux que les deux bouts se terminassent par des onglets. Chaque coupe a environ 3 pouces de longueur ; ainsi chaque morceau de bois de deux pieds peut être regardé comme ayant 27 pouces de longueur cylindrique, & ceux de trois pieds à proportion.

A mesure que le Bûcheron coupe le bois avec la coignée s'il est gros, ou avec le volin s'il est menu, toujours suivant les longueurs ci-dessus marquées, il le jette à ses côtés, & il en forme un tas disposé en dos d'âne (*Fig.* 10). Quand le bois est assez gros pour qu'on le coupe avec la coignée, le manche de cet outil sert de mesure ; mais quand on coupe le bois menu avec la serpe ou le volin, les Bûcherons n'employent aucune mesure ; & néanmoins quand ils veulent ne pas faire de fraude, ils le coupent fort juste à la longueur qu'on leur prescrit. Il faut leur recommander de couper les branches bien près du

(1) Néanmoins Pline recommande que le bois, qu'on veut convertir en charbon, soit jeune & verd.

(2) Depuis qu'on a commencé à travailler dans un taillis, soit à le couper, soit à convertir le bois en charbon, il est nommé un *Ourdon*. Les Abatteurs & les Charbonniers se servent également de ce terme : les uns & les autres disent *qu'ils vont travailler à leur Ourdon ; que leur Ourdon est en tel état*. Dans d'autres Provinces on se sert du terme de *Vente*, & l'on dit : *Telle vente n'est propre qu'à faire du charbon*, &c.

(3) Voyez au vocabulaire le mot *Corde*.

bois de corde, pour qu'il ne reste point d'ergots qui empêcheroient de bien arranger le bois en formant le fourneau.

On sait qu'après que le bois a été ainsi débité, on le dispose en cordes, ou ce qui est la même chose, on en forme des tas ou des petites pilles aussi larges par en haut que par en bas; en un mot, des piles de figures parallélipipédiques, en couchant les bâtons les uns sur les autres. La longueur de chaque corde doit être de 8 pieds, sa hauteur de 4 pieds, & sa largeur est fixée par la longueur des morceaux de bois qui est de 2 ou 3 pieds non compris la coupe; ainsi une corde de bois forme un parallélipipede qui contient 64 ou 96 pieds cubes, & la coupe, en onglet ou en gueule, peut faire 8 pieds-cubes.

Avant de former la corde, on enfonce perpendiculairement, en terre, deux pieux *yy* (*Fig.* 11) éloignés l'un de l'autre de 8 pieds, leur distance marque la longueur de la corde, ils doivent avoir plus de 4 pieds au-dessus de la surface du terrein. On remplit de morceaux de bois, couchés les uns sur les autres, l'espace qui est entre les deux pieux qui forment les deux bouts de la corde. Dans quelques forêts on assujettit les pieux perpendiculaires avec des morceaux de bois fourchus qui forment des arcs-boutants (*Fig.* 11); & dans d'autres on assujettit ces pieux avec une ou deux rames, c'est-à-dire, avec des branches garnies de rameaux déliés qu'on entortille autour de ces pieux, & dont on engage les bouts entre les morceaux de bois qui forment la corde.

Quand on a arrangé suffisamment de bois entre les deux pieux extrêmes pour qu'il y en ait 4 pieds d'épaisseur, on dit que cette corde est levée, & que dans un tel Ourdon ou une telle Vente, il y a, par exemple, 100 ou 200 cordes levées.

Comme les Marchands de bois en payent la façon à la corde, ils ont intérêt d'examiner si toutes les cordes ont leurs dimensions; ils les mesurent donc les unes après les autres, ayant attention que les cordes qui ont été faites avec du bois verd, & qu'on ne mesure que long-temps après, diminuent nécessairement d'épaisseur, parce que le bois se resserre, sur-tout dans le sens de sa grosseur; & pour ne pas mesurer la même corde deux fois, ils font couper un des pieux qui termine la longueur de la corde: le bois qui s'écroule de ce côte-là marque que la corde a été mesurée. Assez souvent ils se contentent de faire coucher sur le dessus de la corde quelques bâtons qui croisent les autres *zz* (*Fig.* 11); ils examinent encore si la corde a été établie sur un terrein uni, & où il n'y ait pas de souches; enfin si le bois est bien arrangé.

Choix de la place pour faire les Fourneaux à Charbon.

Les Charbonniers appellent *place à charbon, fausse à charbon* ou *faulde*, le lieu où ils asseyent leurs fourneaux; ils nomment *fourneau* la pile de bois arrangée comme elle le doit être pour en faire du charbon. Quand la pile n'eſt que commencée, ce n'eſt pas un fourneau, c'eſt *une allumelle* : *Cuire le charbon*, c'eſt brûler le bois au point où il doit l'être pour en faire du charbon : il eſt bon d'être inſtruit de la ſignification de ces différents termes.

Comme les Ouvriers cherchent à s'épargner du travail, ils eſſayent de placer leur faulde à portée des cordes pour faciliter le tranſport du bois ; ils choiſiſſent auſſi un endroit un peu élevé, afin que s'il venoit à pleuvoir, l'eau ne ſe rendît pas ſous le fourneau. Ils diminuent encore leur travail, quand ils peuvent trouver des places unies, ou bien des endroits où l'on ait déjà cuit du charbon. Enfin pour que la place ſoit propre à faire (comme ils diſent) un bon *cuiſage*, il faut que le terrein ne ſoit ni pierreux, ni ſableux. On verra, dans la ſuite, que ces circonſtances ſont importantes pour bien former la couverture du fourneau : toutes ces attentions regardent les Charbonniers. Mais comme ces travaux ont ſouvent occaſionné des incendies, & que d'ailleurs il faut ménager les taillis, l'Ordonnance veut que les places où l'on doit cuire le charbon, ſoient marquées par les Officiers des Eaux & Forêts qui doivent choiſir un lieu où il y ait peu de ſouches, & aſſez éloigné des endroits garnis de bruyeres ou d'autres herbes combuſtibles, pour n'avoir rien à craindre du feu.

On commence par bien unir le terrein, ce qui ſe fait avec des pics *G* (*Fig.* 18), des pioches & des pelles : l'Ouvrier, qui fait ce travail, ſe nomme le *Dreſſeur* (*Fig.* 1) *a*. Cet Ouvrier trace la circonférence de la faulde, à laquelle il donne, pour les grands fourneaux, huit enjambées de diametre *a b*, & moins pour les petits. Cette meſure eſt ſuffiſamment exacte pour conduire leur travail.

Le terrein étant ainſi diſpoſé & net de brouſſailles, le Charbonnier plante au milieu & dans l'axe du fourneau une perche *e* de douze à quinze pieds de hauteur, groſſe comme la jambe au bout d'en bas ([1]). Il met au pied de cette eſpece de mât un petit tas de bois ſec & facile à allumer. Quelques-uns étendent ſur le terrein une couche de feuilles, & ſur ces feuilles un lit de fraſil ([2]) ; mais ordinairement on néglige ces attentions.

Quand il y a eu des fourneaux dans un ourdon à portée des cordes, les Charbonniers en profitent pour en faire d'autres aux mêmes endroits : ils s'épargnent ainſi la peine de dreſſer une nouvelle faulde, & ils ménagent le taillis : car les ſouches ne pouſſent plus ou ne pouſſent de long-temps aux

([1]) Il y a des Charbonniers qui, au lieu de la perche dont nous venons de parler, mettent au milieu de leur fourneau pluſieurs grandes perches qui y entretiennent un vuide qu'ils rempliſſent avec du menu bois, à meſure qu'ils élevent leur fourneau (*Fig.* 23).

Dans d'autres Forêts, on arrange autour du mât des rondins de bois ſec couchés les uns ſur les autres, & qui forment une chambre triangulaire qu'on remplit de menu bois ſec (*Fig.* 24).

([2]) Il y a des Forêts où les Charbonniers prennent des précautions qui nous paroiſſent inutiles ou même nuiſibles : ils font un plancher avec des bûches de bois blanc qui forment des rayons autour du mât qu'on place au centre du fourneau ; ils rempliſſent les vuides qui ſe trouvent entre ces bûches avec du menu bois. Quelques-uns mettent encore pardeſſus un lit de feuilles & un autre de fraſil ; ils arrêtent les bûches du plancher avec des piquets qu'ils enfoncent en terre, & ils forment un pareil plancher à chaque étage. Cette derniere opération me paroît plus nuiſible qu'utile.

endroits

endroits où on a fait les fourneaux : l'Ordonnance veut que les Charbonniers replantent la place des fourneaux ; cependant cela ne s'exécute point. Les premieres années, après que ces places à charbon on été nettoyées, elles se trouvent couvertes de Fraisiers, & ensuite il y paroît souvent beaucoup de Tremble. Nous allons maintenant expliquer la façon de charger les fourneaux.

Maniere de voiturer le Bois & de charger le Fourneau.

Les Charbonniers voiturent le bois, de l'endroit où il a été cordé auprès du fourneau, avec des brouettes un peu différentes de celles qui servent au transport des terres ; elles sont plus commodes pour transporter le bois. Pour faire usage de ces brouettes (*Fig.* 12 & 13), on arrange le bois sur des bras *II* (*Fig.* 13), de maniere qu'il forme une petite pile (*Fig.* 12), qui est soutenue par les montants *KK*, *MM*, qui s'élevent assez au-dessus des bras *II* pour que le bois ne touche point à la roue : ces montants sont tous quatre inclinés à l'horizon, mais ceux de devant le sont plus que ceux de derriere. Les montants de devant se prolongent au-dessous de la brouette pour former deux pieds *LL* ; ceux de derriere se prolongent aussi au-dessous de la brouette où ils s'assemblent avec ceux de devant. La figure 13 achevera de donner une idée de cet instrument qui est fort simple, & dont nous parlerons encore en expliquant les figures.

Pendant que plusieurs Ouvriers approchent le bois, le Maître Charbonnier commmence à charger son fourneau ([1]) ; les premiers morceaux de bois dont on environnne le pied du mât, doivent être secs, & ils s'y appuient par leur bout supérieur ; leur bout inférieur porte à terre, & ils sont un peu inclinés *dde* (*Fig.* 1). Autour de cette premiere enceinte de morceaux de bois sec, s'il est permis de parler de la sorte, on en forme une seconde avec la corde à charbon, en appuyant les bâtons qui forment cette enceinte sur ceux qu'on a placés en premier lieu ; cette seconde enceinte étant formée, on en fait une troisieme, puis une quatrieme, une cinquieme, &c, jusqu'à ce que l'aire applanie & marquée soit entiérement couverte de morceaux de bois placés presque debout. A chaque enceinte du premier lit, on laisse un petit espace large de 5 à 6 pouces *K* (*Fig.* 2), qui n'est point rempli par les bâtons verticaux ; & le vuide d'une enceinte étant toujours vis-à-vis le vuide d'une autre, depuis la circonférence de la derniere jusqu'au centre du fourneau, il reste un canal qui doit s'étendre jusqu'au bois sec qu'on a mis au pied de la perche ; ce canal peut être regardé comme un foyer qu'on remplit de branchages secs qui doivent porter le feu au centre du fourneau ; & l'on

([1]) Pline dit en gros qu'on arrange les bûches en pyramydes, qu'on couvre le bûcher avec de l'argile, & qu'après y avoir mis le feu, on perce le haut pour donner issue à la fumée. Cette description sommaire des fourneaux à charbon indique qu'ils différoient peu de ceux d'aujourd'hui.

verra dans la suite que c'est à cet endroit seul qu'on met le feu ([1]).

Quand ces différentes enceintes remplissent un espace de cinq à six pieds de diametre, on éleve sur le premier lit *f* (*Fig.* 2) formé par l'assemblage de toutes les enceintes que nous avons vu poser ; on éleve, dis-je, sur ce premier lit un second lit ou étage *g*, qu'on nomme l'*Eclisse*. On le forme par enceintes tout comme le premier lit, & le Charbonnier peut encore en arranger le bois étant à terre : c'est pour cette raison qu'il le commence avant d'avoir achevé le premier. Nous ferons seulement observer, qu'autant qu'il est possible, on met les morceaux de bois les plus menus dans les lits inférieurs, & les plus gros sont réservés pour les lits plus élevés. On a encore soin de choisir, dans le bois destiné pour chaque lit, les plus gros brins qu'on met entre le centre & la circonférence. Lorsque le second lit est devenu presque aussi grand que le premier, on augmente celui-ci, puis le second, jusqu'à ce que le premier lit couvre tout le terrein *a b* (*Fig.* 1) que doit occuper le fourneau. Les Charbonniers forment ainsi successivement les deux premiers lits pour avoir la facilité d'arranger le bois à la main, sans monter sur le fourneau.

Le troisieme lit *h*, qu'on nomme le *grand haut*, se forme par un assemblage d'enceintes comme les deux premiers ; mais il faut monter sur le second lit pour arranger le bois : ainsi le second étage sert de soutien au troisieme, comme le premier en sert au second. Sur le troisieme étage *h*, on en éleve ordinairement un quatrieme *i*, qu'on nomme le *petit haut* ; & quelquefois un cinquieme. On continue à ajouter du bois à la circonférence des lits, commençant toujours par les inférieurs, jusqu'à ce que tout le terrein destiné au fourneau soit garni, & que le tout représente un cône tronqué terminé par une calotte (*Fig.* 25).

Les fourneaux prennent cette figure conique & arrondie par-dessus, à l'égard du premier lit, parce que les bâtons les plus proches du mât étant moins inclinés que ceux de la circonférence, le plan supérieur de ce lit se trouve bombé vers le milieu. Le second lit l'est encore davantage, parce qu'outre la raison que nous venons de rapporter & qui subsiste, les bâtons du premier lit portent sur une base plane, au lieu que ceux du second lit portent sur une base convexe. Les bâtons du centre des lits les plus hauts doivent s'élever encore dans une plus grande proportion par rapport à ceux de la circonférence des mêmes lits, ce qui arrondit le haut du fourneau à la partie tronquée du cône, comme on le voit (*Fig.* 25), où les bâtons du petit haut *i i* sont presque horizontaux.

Quoique jusqu'ici nous ayons toujours employé le mot de *fourneau*, il est bon de se rappeller que les Ouvriers ne s'en servent que quand les étages

([1]) Les Charbonniers qui ne ménagent point la gallerie *K*, mettent le feu par le haut du fourneau. Je ne puis approuver leur méthode.

ſont finis. Nous avons déja dit qu'un fourneau commencé & qui n'a que deux ou trois étages, s'appelle, en terme de Charbonnier, une *Alumelle*.

La longueur des morceaux de bois & le nombre des étages indiquent quelle doit être à peu-près la hauteur du fourneau : il a plus ou moins de circonférence par en-bas, ſuivant qu'on veut cuire une plus ou moins grande quantité de bois ; car on fait pour les Particuliers de petits fourneaux, pour convertir en charbon ſeulement cinq, ſix ou huit cordes de bois ; & pour le ſervice des Forges on en cuit quelquefois, dans un ſeul fourneau, cinquante cordes. Dans la Forêt d'Orléans, où il n'y a point de Forges, les plus petits fourneaux ſont de cinq cordes, & les fourneaux ordinaires de dix.

Il y a un avantage conſidérable à faire de grands fourneaux ; car le bois qui ſe conſume pour former le foyer central dont nous parlerons, eſt à peu-près le même pour les petits fourneaux que pour les grands, ainſi la perte du bois eſt proportionnellement plus grande pour les petits ; comme d'ailleurs il convient de faire les fourneaux d'autant plus grands que le bois eſt plus gros, je voudrois que les fourneaux faits avec du bois de jeunes taillis fuſſent de 30 à 40 cordes, & ceux de bois plus gros ou de fente, fuſſent de 50 à 60 cordes. La conſommation du bois pour le foyer central & pour ce qui ſe perd dans le *bougeage*, peut être eſtimée un cinquieme, à l'égard des petits fourneaux de dix cordes ; mais elle eſt beaucoup moindre lorſque les fourneaux ſont de 50 cordes.

Maniere de bouger *le Fourneau.*

Le fourneau étant ainſi dreſſé, il reſte, pour l'achever, une autre opération, mais qui exige moins d'adreſſe que les précédentes : il s'agit de le *bouger*, ou de le couvrir de terre & de cendre : on employe à cet uſage la terre qui ſe trouve aux environs du fourneau ; c'eſt pour cela qu'on évite d'établir le fourneau ſur un terrein ſablonneux, & où il y ait beaucoup de pierres, ſur-tout quand le charbon eſt deſtiné à l'uſage des Forges ; car s'il ſe mêle des pierres avec le charbon, certaines eſpeces dérangeroient tellement la fonte, qu'il y a des Maîtres de Forges (1) qui mettent leur charbon dans l'eau afin que les pierres ſe précipitant au fond, ils ſoient ſûrs qu'il n'en reſte pas dans le charbon.

Deux Charbonniers piochent la terre qui environnent le fourneau, & un autre prend cette terre avec une pelle, & l'applique (*Fig.* 3) ſur tout l'extérieur du cône formé par les morceaux de bois arrangés comme nous l'avons dit : on eſſaye de la faire tenir en la battant avec le plat de la pelle ; mais comme on auroit peine à l'empêcher de couler ſi elle étoit bien ſeche,

(1) Entr'autres M. Robert.

on a soin de la prendre un peu humide. Il faut que l'extérieur du fourneau soit entiérement couvert d'une couche de terre de trois ou quatre pouces d'épaisseur, excepté un espace d'un demi-pied de diametre à son sommet près l'extrémité supérieure du mât, où on ne met point de terre pour laisser une issue aux premieres fumées, & afin de déterminer le feu à se porter dans l'axe du fourneau. Dans quelques Forêts on ne ménage point cette ouverture, & l'on a grand tort, comme nous le ferons remarquer dans la suite. Les Charbonniers qui ne forment point non plus de gallerie pour conduire le feu au centre du fourneau, & qui l'allument par en haut, ont l'attention, en bougeant leur fourneau, de laisser le bois découvert tout autour & vers le bas à la hauteur d'un demi-pied, pour que l'air puisse entrer par cet endroit; & quand le fourneau est bien allumé, ils bougent cette partie.

Si le Maître Charbonnier, qu'on nomme *le Dresseur*, s'apperçoit que la couche de terre n'est pas bien jointe en quelques endroits, il y met quelques pellées de terre, & il monte sur le fourneau sans échelle pour la battre & l'unir. Comme on ne manque pas de cendre dans les endroits où on cuit le charbon, on a coutume d'en jetter une couche mêlée avec du frasil ou poussier de charbon sur la couche de terre qui en prend plus de consistance, & le fourneau en est mieux bougé. Quelques Charbonniers ne mettent cette couche de frasil, que quand le fourneau est allumé. Un terrein trop pierreux, ou d'un sable trop coulant, ou d'une glaise trop compacte, ne seroit pas propre à faire une bonne ouverture; ainsi la nature du terrein où l'on assied les fourneaux, intéresse beaucoup les Charbonniers. On conçoit encore qu'il ne seroit pas possible de bouger le fourneau, si la terre étoit gelée; c'est pourquoi ceux qui ont besoin de grands approvisionnements de charbon, feront très-bien de faire bouger leurs fourneaux avant le mois de Novembre. Les pluies ni la neige n'empêchent point de cuire, pourvu que le fourneau soit établi en terre saine & une peu légere qu'on puisse manier pour recouvrir le fourneau quand il s'y forme des fentes.

Quand on établit des fourneaux dans des terreins où il y a beaucoup de pierres, on habille les fourneaux avec une couche épaisse de feuilles, & par dessus du frasil mêlé avec un peu de terre. L'usage d'employer des feuilles fait que les Charbonniers de ces Forêts ne disent point qu'*ils bougent leurs fourneaux*, mais *qu'ils les feuillent*.

Comment on doit cuire ou réduire en charbon le bois contenu dans le Fourneau.

QUAND le fourneau est entiérement bougé, on y peut mettre le feu; & pour cela, si on ne l'a pas fait d'avance, on fourre dans la gallerie que nous avons nommé le foyer, des branchages & des feuilles d'arbres bien seches,

ſeches, en un mot des matieres qui s'enflamment aiſément. On introduit ces matieres par l'ouverture *K* (*Fig.* 2) qu'on a ménagée à la couche inférieure du fourneau, & qu'on a évité de fermer avec la terre qui a ſervi à le bouger. Si-tôt qu'on a allumé le feu, il s'établit un courant d'air qui entre par cette ouverture *K*, & qui ſort par l'ouverture d'en-haut *p*, (*Fig.* 4). Si on ſe rappelle qu'on a mis au pied du mât du bois ſec; que la premiere couche eſt faite avec le bois le plus menu; & qu'entre ce bois menu on a mis celui qui a moins de groſſeur vers l'axe du fourneau, on concevra que le feu doit ſe communiquer promptement à cet endroit, & agir d'abord ſur la premiere couche : car comme le feu mis à l'ouverture *K* (*Fig.* 2) ne rencontre en ſon chemin que des matieres qui s'enflamment aiſément; & comme il eſt pouſſé vers le centre du fourneau par la circulation de l'air, parce que le faîte du fourneau *p* (*Fig.* 4) n'eſt point couvert de terre, l'air que la chaleur raréfie, prend ſa route le long du mât qui eſt dans l'axe, & il s'échappe avec cet air, une fumée épaiſſe, blanche & aqueuſe par l'ouverture ſupérieure *p*, qu'on peut regarder comme la cheminée du fourneau. L'air extérieur qui n'a d'autre ouverture que celle *K* (*Fig* 2), où on a mis le feu, par laquelle il puiſſe s'introduire, ſouffle continuellement la flamme, & porte le feu vers le centre de la couche inférieure; mais ce feu, pour ainſi dire, central, occaſionne une chaleur qui ſe répand dans toutes les parties du fourneau; car il n'y a point de morceau de bois qui ne fume, & qui ne ſe deſſeche plus ou moins. Sans doute qu'une partie de cette humidité s'échappe par la cheminée du haut du fourneau, & qu'une partie s'imbibe dans la terre qui le recouvre, puiſque cette terre devient un peu humide. Quoi qu'il en ſoit, pendant que cette circulation d'air continue, le feu qui agit principalement vers l'axe de tout le fourneau, ſe porte d'abord au centre de la premiere couche, enſuite au centre de la ſeconde, & ainſi de ſuite d'étage en étage, tant qu'il reſte une ouverture au haut du fourneau, de ſorte que ſi l'on n'avoit pas l'attention de la fermer au bout d'un certain temps, tout le bois ſe conſumeroit.

Le Charbonnier reconnoît que le milieu du fourneau eſt bien embraſé, & que la perche que nous avons nommée *le mât*, eſt conſumée, à la fumée qui diminue, ou qui perd de ſon intenſité, à meſure qu'elle prend de l'âcreté, qu'on ſent quand on eſt forcé de la reſpirer, ou qu'on en reçoit dans les yeux; & cela arrive ordinairement dans les grands fourneaux au bout de 10, 12 ou 15 heures; alors le Charbonnier ſonge à fermer l'ouverture qu'il avoit ménagée au haut du fourneau, en obſervant certaines précautions dont nous allons parler. La raréfaction des vapeurs humides qui ſortent du bois, fait quelquefois un bruit ſourd dans l'intérieur du fourneau, qui ſe termine par une exploſion qui rompt la couverture de terre. On doit y remédier ſur le champ; car il faut être continuellement attentif à mettre de la terre & de la cendre à tous les endroits où il se montre de la fumée ; comme elle indique la route que prend le courant d'air, & celle que doit suivre le feu, il est important qu'elle ne paroisse que vers les parties où le Charbonnier veut porter le feu.

Quand le Charbonnier juge aux marques que nous avons rapportées, & à un petit affaissement qui se fait au haut du fourneau, qu'il est temps de fermer l'ouverture de cet endroit *p p* (*Fig.* 4); il y monte avec une échelle placée comme dans la Figure 3 : il ne court aucun risque d'être incommodé de la chaleur, car la surface extérieure est encore presque froide, sur-tout au-bas du fourneau : il jette quelques rasées ou paniers de charbon dans le fourneau pour entretenir le brasier qui doit être au centre, remplir le vuide qui s'est fait dans l'axe, prévenir que le fourneau ne s'affaisse trop tôt, & donner un appui à la terre & à la cendre qui doivent fermer cette ouverture. Si-tôt qu'il a mis assez de terre & de cendre pour qu'il ne sorte plus de fumée par l'ouverture *p p* (*Fig.* 4), il ne perd point de temps pour fermer l'ouverture *K* (*Fig.* 3) par laquelle on a mis le feu ; car si l'air continuoit à entrer dans le fourneau, il pourroit exciter le feu au point de faire crever la couverture ou le bougeage du fourneau, ce qui seroit sujet à inconvénient si on n'y remédioit pas sur le champ : en un mot il est nécessaire que le Charbonnier soit toujours maître de diriger l'action du feu vers les parties qu'il juge n'en avoir pas été assez pénétrées.

Si le fourneau restoit ainsi fermé de toutes parts, le bois cesseroit bien-tôt de brûler ; car le feu ne s'entretient que par le renouvellement de l'air : mais pour cette même raison le Charbonnier est le maître de porter le feu qui est au centre, à la partie du fourneau où il juge qu'il est nécessaire pour cuire le bois : il n'a qu'à faire des ouvertures à ces endroits, la fumée en sortira, & le feu prendra sa route vers ces especes de cheminées. Quoique le feu soit amorti quand on ferme les ouvertures dont on vient de parler, il ne s'éteint pas subitement ; il s'excite même une violente chaleur dans tout le fourneau ; & c'est alors que le bougeage paroît humide.

Le Charbonnier examine les endroits où le fourneau est le moins échauffé ; & c'est ordinairement vers le bas ; il perce, avec le manche de sa pelle, le bouge du fourneau de dix à douze trous différents, éloignés les uns des autres d'un demi-pied ; ce sont autant de petites cheminées par lesquelles on voit s'échapper beaucoup de fumée ; & ce côté du fourneau s'échauffe, de façon qu'on ne sauroit le toucher, pendant que les autres parties restent presque froides.

On juge que le feu se distribue bien, quand l'affaissement du fourneau se fait également ; s'il s'affaissoit trop dans quelques endroits, on y mettroit de la terre, & il faudroit faire des ouvertures aux endroits où il ne se seroit point fait d'affaissement.

Les raisons des pratiques que suivent les Charbonniers dans la construction de leur fourneau & dans leur maniere de conduire le feu, se présenteront d'elles-mêmes à ceux qui voudront considérer, que pour convertir le bois en charbon, il faut dissiper l'humidité du bois, & mettre en fusion la partie grasse & inflammable qui ne s'échappe pas en fumée avec l'humidité : il ne s'agit donc que de faire brûler le bois en partie. Or pour brûler le bois jusqu'au point convenable, il faut commencer par établir au centre du fourneau un brasier considérable, & être ensuite maître de porter successivement l'action du feu aux différentes parties du fourneau, de façon qu'il n'agisse sur le bois qu'autant qu'on le juge à propos. On n'est pas maître d'arrêter ni de graduer l'action du feu quand elle s'exerce sur un monceau de bois qui brûle en plein air ; mais la terre qui couvre le fourneau, fait que l'Ouvrier conduit le feu comme il lui plaît, & qu'il l'arrête quand il le veut. Nous avons vu qu'il l'a attiré d'un côté du fourneau (*Fig.* 5) ; veut-il rallentir son action de ce côté, & l'exciter du côté opposé ? il n'a qu'à boucher les trous ouverts, & en ouvrir de nouveaux de l'autre côté ; c'est ce que nous lui verrons faire tout à l'heure. Mais pour porter ainsi l'action du feu dans les différentes parties, il étoit nécessaire, comme nous l'avons déja remarqué, d'avoir un grand brasier au centre du fourneau ; c'est ce qu'on s'est procuré en laissant d'abord l'ouverture *pp* (*Fig.* 4) libre un assez long espace de temps. On apperçoit présentement ce qui nous a fait blâmer la pratique de ceux qui, au lieu de cette grande ouverture, en font d'abord un nombre de petites tout autour du fourneau.

Peut-être demandera-t-on pourquoi on a préféré de mettre, en élevant le fourneau, les morceaux de bois dans une position verticale, plutôt que dans une horizontale ? pourquoi on les a mis debout, au lieu de les coucher par terre, ou les uns sur les autres (*Fig.* 20) ? Sans doute qu'on a tenté l'une & l'autre maniere, & qu'on a choisi celle que les expériences ont montré être la meilleure : indépendamment de ces expériences qui probablement ont été souvent répétées, il faut convenir que la figure qu'on donne aux fourneaux est une des meilleures pour les rendre stables : si on leur donnoit la même figure en couchant les bâtons (*Fig.* 20), les enceintes de chaque couche seroient plus garnies, & auroient moins de vuide du côté du mât ou de la perche qui occupe le centre, que vers la circonférence, puisque les bâtons feroient des rayons divergents ; au lieu que par l'arrangement qu'on suit, on ménage un vuide à peu-près égal par-tout ; d'où il résulte que le feu ne trouve pas plus de difficulté à avancer dans un sens que dans un autre. La fumée & l'air chaud ont par-tout un cours à peu-près également libre, puisque par la disposition des bâtons, ils trouvent autour de chacun d'eux une espece de petite cheminée, par le moyen de laquelle la chaleur agit sur toute la longueur de chaque bâton. Si dans une cheminée d'appartement on veut former beaucoup de braiſe, rien n'eſt mieux que de mettre le bois debout. D'ailleurs ſi les Charbonniers diſpoſoient le bois comme dans la figure 20, il ſe feroit au centre du fourneau, lorſqu'on ferme l'ouverture *p* (*Fig.* 4), un grand vuide qu'on ne pourroit remplir ; au lieu qu'en mettant les bâtons ſuivant l'uſage ordinaire, ils s'écroulent, & ils rempliſſent d'eux-mêmes le vuide qui s'y forme, à meſure que le bois ſe conſume.

Quoi qu'il en ſoit des raiſons qui ont déterminé les Charbonniers à placer le bois debout ; quand ils jugent que le bois eſt réduit en charbon du côté où ils ont attiré le feu, ils bouchent les trous qui laiſſoient échapper la fumée, & ils en ouvrent de nouveaux d'un autre côté où ils deſirent que le feu ſe porte : le côté oppoſé ſe refroidit peu à peu, pendant que celui-ci s'échauffe ; & par cette induſtrie le Charbonnier fait parcourir tour à tour au feu toutes les parties du fourneau : mais quand faut-il boucher les anciens trous, & en ouvrir de nouveaux ? c'eſt-là la ſcience du Charbonnier, dont le jugement eſt principalement guidé par la quantité & la denſité de la fumée.

La fumée eſt formée par l'humidité qui ſort du bois, & par une portion de l'huile du bois qui s'échappe avec cette humidité, ou par cette ſubſtance volatile qui forme la ſuie. Or le bois eſt plus chargé que le charbon de matieres propres à former la fumée ; & moins le bois eſt brûlé, moins il approche de l'état de charbon, plus il donne de fumée. Ainſi quand la fumée ne ſort plus ſi épaiſſe par les trous, quand elle eſt devenue rare à un certain point, quand elle n'eſt plus qu'une vapeur piquante, le Charbonnier ſait qu'il eſt temps d'y arrêter le feu, l'uſage lui ayant appris à diſtinguer la fumée du bois de celle du charbon. S'il laiſſoit trop long-temps le feu dans un même endroit, le charbon s'y conſumeroit trop, & s'y réduiroit en braiſe ; & ſi on ôtoit le feu avant que le bois fût aſſez brûlé, on auroit quantité de fumerons, & le charbon ne vaudroit rien. L'habileté du Charbonnier conſiſte donc à faire bien brûler le bois ſans le trop conſumer, & à le faire brûler à ce même point dans toutes les parties du fourneau.

Si l'on ſe rappelle que nous avons dit plus haut qu'on peut faire très-aiſément du charbon dans des vaiſſeaux clos ; que c'eſt dans ces ſortes de vaiſſeaux qu'on fait le charbon de Fuſain pour les Deſſinateurs ; qu'on ſe contente en ce cas de remplir de bâtons de Fuſain un tuyau de fer ou un creuſet exactement couvert ; & qu'après avoir tenu un temps ſuffiſant ce tuyau ou ce creuſet dans un grand feu, on en retire du charbon très-bien cuit, ſi l'on joint à cela que quand on fait diſtiller du bois dans une cornue, il s'y convertit en charbon, on concevra que, pour faire de bon charbon, il faut beaucoup de chaleur, mais peu ou point de flamme, & c'eſt ce qui arrive aux fourneaux des Charbonniers lorſqu'ils ſont bien conduits Le grand braſier qui eſt au centre produit beaucoup de chaleur ; on entretient le feu ; on empêche qu'il ne s'éteigne entiérement, en faiſant les petites ouvertures dont nous

nous avons parlé ; mais on les tient assez petites, pour qu'il n'y ait point de flamme. Ces ouvertures suffisent pour laisser échapper ce qui, dans la distillation à la cornue, passe dans le récipient ; & aussi-tôt que cette fumée inutile est dissipée, on ferme les ouvertures qu'on peut regarder comme les registres des fourneaux de Chymie.

Les Artistes sont souvent fort incommodés dans leurs opérations par le vent qui frappe dans leurs fourneaux, & excite le feu plus qu'ils ne voudroient ; alors ils ferment les fenêtres ou les portes qui donnent immédiatement sur leur ouvrage. Il y a aussi des temps où les grands vents incommodent fort les Charbonniers en excitant trop l'ardeur du feu ; alors ils entourent leur fourneau d'une espece de paravent qu'ils font avec des claies de 7 à 8 pieds de hauteur & de 6 à 7 de largeur : elles sont ordinairement faites avec des genêts ou des roseaux qu'on retient entre des perches.

Un grand fourneau de charbon est ordinairement en feu six à sept jours ; & un petit, trois ou quatre, jusqu'à ce que tout le bois soit suffisamment cuit : alors, quand on s'apperçoit que le feu s'est répandu par-tout, que la terre fort échauffée paroît rouge dans l'obscurité ; on bouche tous les trous, & on charge de nouveau la chemise de nouvelle terre ou de frasil, afin que le feu s'éteigne par-tout.

Le volume du bois diminue à mesure qu'il se change en charbon (1) ; & par la même raison le volume du fourneau diminue : les fourneaux où l'on vient d'éteindre le feu, n'ont pas la moitié de la hauteur qu'ils avoient après avoir été bougés. On ne conclura pas pour cela que le volume du bois ait diminué de moitié en se convertissant en charbon : car la base du fourneau ne diminue pas en même proportion que sa hauteur ; la diminution n'y est presque pas sensible. La terre qui couvre le fourneau, le suit à mesure qu'il s'affaisse ; & cet affaissement occasionne fréquemment des crevasses qui donneroient des issues à la fumée, aux endroits où le Charbonnier n'a pas dessein de les placer ; mais il a toujours attention de les fermer, ainsi que les trous qu'il a fait à dessein, avec de la terre qu'il bat du plat de sa pelle.

Du refroidissement du Fourneau.

QUAND toutes les ouvertures du fourneau sont fermées, l'activité du feu y est considérablement diminuée ; mais dans l'intérieur il subsiste une grande chaleur qui pendant un temps contribue encore à cuire le charbon : néanmoins le feu s'éteint peu-à-peu ; & quand les Charbonniers jugent qu'il l'est entiérement, pour précipiter le refroidissement du charbon, ils le découvrent de la maniere suivante : Un Ouvrier (*Fig. 6*) emporte avec un rateau

(1) Un morceau de bois qui auroit 12 pouces de circonférence, est réduit à 8 pouces lorsqu'il est converti en charbon ; & il perd 2 ou 3 pouces sur sa longueur, qui est de 2 ou 3 pieds.

qui a de longues dents de fer *D C* (*Fig.* 16), qu'ils nomment *arc*, la plus grande partie de la terre qui recouvre le fourneau. Un ſecond Ouvrier (*Fig.* 7) qui le ſuit, ôte, avec un rable de bois *H* (*Fig.* 17), la terre ſeche, & pour ainſi dire, pulvériſée, juſqu'à ce que la forme du charbon paroiſſe, ſans pourtant le mettre entiérement à découvert. Comme, pour peu qu'il reſtât de feu dans le fourneau, l'embraſement ſe rétabliroit, un troiſieme Ouvrier (*Fig.* 8) vient après celui qui manie le rable ; & avec une pelle *F* (*Fig.* 19), il reprend la terre qui vient d'être ôtée, & il la rejette ſur le fourneau. Par cette opération ils précipitent le refroidiſſement du charbon, & ils ne courent point le riſque de le voir ſe rallumer. Enfin le fourneau étant entiérement refroidi, on ôte toute la terre, & on en tire le charbon pour le tranſporter, comme nous allons l'expliquer.

Mais il eſt prudent, quand on ouvre le fourneau, de ne tirer le charbon que d'un côté, afin que ſi l'on appercevoit encore du feu, on pût interrompre le travail, & remettre de la terre pour prévenir un embraſement général ; ce qui eſt quelquefois arrivé.

Maniere de tranſporter le Charbon aux Forges ou dans les Villes.

QUAND le charbon eſt bien refroidi, & qu'on eſt certain qu'il ne contient plus de feu, on le tranſporte à ſomme, ou par charroi aux endroits où on le doit conſommer, ou au bord de quelque riviere, où on le charge ſur des bateaux. Quand on veut le tranſporter à ſomme, on le met quelquefois dans de grands ſacs qu'on charge ſur les bêtes de ſomme, comme on le pratique pour le tranſport des grains & de la farine. Dans d'autres Forêts, on met le charbon dans de petits ſacs qu'on arrange en pyramide parallélement à la longueur du Cheval : l'une & l'autre façon de faire ces ſommes eſt repréſentée dans les figures 21 & 21 * ; mais quand les chemins ſont praticables, on préfere le tranſport par charrois ; & il ſe fait ou dans des fourgons ou dans des bannes.

Les fourgons ſont de grandes charrettes (*Fig.* 22) dont les ridelles ſont garnies de claies : il n'y a point d'enfonçure à ces charrettes, ou plutôt l'enfonçure eſt formée par des claies retenues avec des cordes qui forment un dos de bahu renverſé. Comme le charbon n'eſt pas une matiere fort peſante, on augmente la capacité de la voiture par cette enfonçure concave, & on emplit la voiture comble, auſſi en dos d'âne ; puis, pour empêcher que le charbon ne tombe, on le couvre avec des claies qui ſont aſſujetties par des harts : la concavité de l'enfonçure rend les voitures moins ſujettes à verſer ; mais on ne la peut pratiquer que dans des chemins où il n'y a pas d'ornieres profondes.

Dans les pays de forges, on tranſporte communément le charbon dans des bannes jaugées (*Fig.* 14) : ce sont des especes de charrettes, ou plutôt des tombereaux ; elles sont de même revêtues tout autour de planches légeres ; on ne les vuide point par derriere en les renversant, comme les tombereaux ; mais le fond est formé par quatre trapes *RSTV* (*Fig.* 14 *), qui s'ouvrent quand on veut vuider la banne.

J'ai dit qu'il falloit être bien certain que le charbon soit entiérement éteint avant de le transporter du fourneau : cela est de la plus grande importance ; car le feu couve quelquefois long-temps dans les gros charbons, & on a vu le feu prendre comme de lui-même à des charrettes qui étoient remplies de charbon, & même aux bâtimens où on l'avoit mis en magasin. C'est principalement pour cette raison que les Charbonniers n'aiment pas à cuire en charbon du bois de branchage, parce que le feu se conserve sans qu'on s'en apperçoive, dans les morceaux de bois creux, les nœuds pourris, &c.

Quatre cordes de bois produisent communément une banne de charbon. La banne contient 14, 15 ou 16 poinçons, jauge d'Orléans, de 240 pintes mesure de Paris. Le grand sac de charbon pese environ 125 liv. La verse de charbon en contient environ 35 liv. & la banne 2500 liv. Quand le bois est verd & menu, il en faut quelquefois 5 à 6 cordes pour faire une banne de charbon ; mais un habile Charbonnier qui cuit de bon bois, n'employe que quatre cordes pour faire une banne de charbon. Un arpent de bois taillis bien garni rend environ 36 cordes de bois, & par conséquent neuf bannes de charbon.

Ces mesures ont été fournies à l'Académie par M. TRESAGUET, un de ses Correspondants, & elles ne s'éloignent pas beaucoup de nos propres observations ; car on remarque en gros qu'un petit fourneau composé de quatre cordes mesure de la Forêt d'Orléans, ce qui fait à peu-près 12 milliers pesant lorsque le bois est encore verd, & qu'on voiture en quatre charettes attelées chacune de quatre chevaux, fournit une charretée de charbon qui pese deux mille quatre à cinq cens livres ; de sorte qu'une corde de bois verd produit 4 poinçons de charbon qui pesent chacun 150 liv. Mais le bois sec rend plus de charbon ; & dans ce cas on estime que la diminution du bois qu'on convertit en charbon est des trois quarts. Suivant M. Tresaguet, la banne de charbon pour les forges de Nivernois, coûtoit, prise dans le bois, 4 liv. 3 sols 2 den. Mais ce prix a beaucoup augmenté : maintenant la corde, pour faire du charbon, coûte, dans la forêt d'Orléans, depuis 6 jusqu'à 7 & 8 liv. il en coûte 1 liv. 5 sols par corde pour les cuire ; ainsi une charretée de charbon qui est le produit de 4 cordes de bois, coûte au moins 29 liv. dans la forêt d'Orléans.

Deux livres ou 32 onces de bois de Chêne nouvellement abattu dans le mois d'Octobre, étant mis en distillation dans une cornue, m'ont rendu 6 onces 2 gros de charbon ; ainsi 256 gros de bois verd ont rendu 50 gros de charbon : ce déchet est de 206 gros, & l'on n'a pas en charbon un cinquieme de ce qu'on a employé de bois.

Dans le même temps 32 onces de bois de Chêne très-sec, mais sain, ont rendu 9 onces 4 gros de charbon ; ainsi 256 gros de bois sec ont rendu 76 gros de charbon, c'est 180 gros de déchet, & on a en charbon entre le tiers & le quart du bois qu'on a employé.

Le charbon du bois verd étoit plus dur que celui qui étoit fait avec le bois sec.

Du choix du Charbon, & de ses différents usages.

LE BON CHARBON doit être léger, sonore, en gros morceaux brillants qui se rompent aisément. On estime celui qui est en rondins, & qui ne reste pas chargé d'une grosse écorce. Le charbon réduit en petites parcelles ne laisant pas assez d'air entre les morceaux, s'allume difficilement, produit de la fumée, & répand une mauvaise odeur : celui qui étant trop cuit, est réduit comme en braise, donne peu de chaleur. Le charbon qui a été mouillé est lourd, a le défaut de s'allumer avec peine, & de ne jamais brûler avec vivacité, & il se consume sans produire la chaleur vive qu'on desire, à moins que le feu ne soit animé par de forts soufflets. Je ne crois pas que les parties du charbon soient pénétrables à l'eau ; car il se conserve très-bien dans les caves, & même mieux que dans les lieux secs où il se brise en petits morceaux ; l'eau cependant s'insinue entre ses pores, puisqu'il devient pesant.

La plupart des Forgerons, & Jousse dans son Traité de Serrurerie, prétendent que le charbon gardé en lieu sec, est d'autant meilleur qu'il est plus vieux. Pour les forges, il ne faut point employer le charbon qu'il ne soit refroidi au moins pendant trois semaines : le charbon trop nouveau se consume très-vîte : sa chaleur très-brusque altere le fer. Le charbon qui n'est pas assez cuit, a une couleur grise ; il se rompt difficilement, & en brûlant il fait une flamme blanche, & répand beaucoup de fumée ; il brûle à la maniere du bois, ce qui fait appeller ces morceaux de charbon *des fumerons*.

Les qualités que nous venons d'indiquer, conviennent au charbon à quelque usage qu'on le destine ; & ses avantages sur le bois sont de faire un feu assez vif & réglé, sans répandre de fumée, ce qui le rend nécessaire dans les cuisines pour allumer les fourneaux sur lesquels on fait les ragoûts, qui étant chauffés avec du bois, contracteroient souvent une odeur de fumée très-désagréable, & seroient souvent brûlés, parce que la flamme du bois produit une chaleur très-vive, mais passagere.

Ces mêmes raisons font que les Ouvriers qui soudent en soudure forte, ne peuvent se passer de charbon, & même de charbon qui ne soit point sujet à

trop

trop pétiller. Il en eſt de même des Fondeurs, qui ſouvent couvrent leur métal avec le charbon pour empêcher qu'il ne ſe réduiſe en chaux : en cela le charbon de bois differe beaucoup du charbon foſſile ; car celui-ci contient des parties ſulphureuſes qui détruiſent le métal, au lieu que le charbon de bois reſtitue au métal le phlogiſtique que l'action du feu auroit pû lui faire perdre. C'eſt cette même raiſon qui rend le charbon de bois ſi utile pour l'exploitation des mines. On conçoit bien ſans doute que quand nous avons parlé des Fondeurs, nous n'avons point eu en vue ceux qui mettent le métal en fonte par la réverbération de la flamme du bois, tels ſont ceux qui fondent les cloches, les canons de bronze, &c.

Quoique le charbon de terre ſoit préférable au charbon de bois pour les forges, parce qu'il produit une chaleur plus vive, on ne laiſſe pas, dans les endroits où le charbon de terre manque, de réuſſir à forger de groſſes pieces de fer avec le charbon de bois : il y a dans les Provinces des Ouvriers qui ſavent augmenter l'activité du charbon de bois par la flamme du bois même. Et quoique le charbon de bois ne donne pas une chaleur auſſi vive que le charbon foſſile, ce qui fait que celui-ci eſt meilleur pour ſouder, la chaleur du charbon de bois pénetre mieux le fer, ſans en brûler la ſuperficie, ce qui fait que certains Forgerons le préferent pour le gros fer. Mais, comme nous l'avons déja dit, il n'y a aucune occaſion où on conſume autant de charbon que pour l'exploitation des mines ; c'eſt ce qui nous engage à inſiſter un peu plus ſur ce point que ſur les autres.

On ne conſume gueres que de gros charbons dans les grands fourneaux, comme ſont ceux où on fond la mine de fer. Il y auroit même de l'inconvénient à y employer des charbons trop menus ; auſſi ne met-on dans les ſacs & dans les bannes dont on ſe ſert pour tranſporter le charbon aux fourneaux, que les gros charbons qu'on a ſéparés des petits. Cette ſéparation ſe fait d'une façon très-expéditive ; car, comme on remplit les verſes avec l'arc ou le grand rateau (*Fig.* 16), dont nous avons parlé plus haut, les longues dents de ce rateau ſont aſſez écartées les unes des autres pour qu'on puiſſe ne tirer à ſoi que les gros charbons, tandis que les petits paſſant entre les dents reſtent ſur le tas. Ce triage eſt ſuffiſamment exact ; car, quand il paſſeroit quelques menus charbons en même temps que les gros, ce ſeroit en trop petite quantité pour produire aucun inconvénient.

Les deux meilleures qualités du charbon deſtiné aux forges & aux fourneaux, ſont de chauffer beaucoup & d'être doux. Quand je me ſers du terme de *charbon doux*, qui eſt impropre, c'eſt pour m'exprimer comme les Ouvriers qui appellent *charbon doux*, celui qui fait le fer le plus doux, & *charbon aigre*, celui qui rend le fer aigre : car il paſſe pour certain que la qualité du charbon influe ſur celle du métal. Malheureuſement les deux qualités de chauffer beaucoup & d'être doux, vont rarement enſemble.

Tous ceux qui exploitent des mines pensent que le charbon de bois blanc est assez doux, mais qu'il chauffe peu : le charbon de bois dur, tel que le Chêne, donne beaucoup de chaleur ; mais on pense qu'il est aigre. Les personnes les plus expérimentées en ce genre (car je ne parle point d'après mes propres observations) disent qu'il y a un milieu à choisir entre les charbons aigres qui chauffent beaucoup, & les charbons doux qui chauffent peu ; & qu'entre les chabons de Chêne il y en a qui sont plus aigres les uns que les autres. Le Charbon de Chêne aigre est, selon eux, celui qui est fait de branchages, & de vieux Chênes refendus. Le charbon de taillis de Chêne a de l'ardeur, & est assez doux, ce qui lui fait donner la préférence. Comme la douceur du fer peut dépendre de beaucoup d'autres circonstances que de la qualité du charbon, il n'est pas certain que le charbon influe, autant que quelques Maîtres de forge le pensent, sur la qualité du fer ; néanmoins, si en admettant le fait comme bien prouvé, on demandoit pourquoi le charbon fait de vieux Chênes est aigre, & que celui qui est fait de Chêneaux est doux, je ferois d'abord remarquer que les jeunes Chênes étant presque tout aubier, ils ne peuvent pas être regardés comme du bois dur en comparaison du cœur des vieux Chênes ; mais c'est éluder la question, & non pas la résoudre : car il s'agit de savoir pourquoi le charbon de bois blanc & tendre rend le fer doux, pendant que ceux de vieux Chêne, d'Epine, &c, le rendent aigre.

On sait qu'il y a des charbons qui sont plus vitrioliques que d'autres. On sait encore que le soufre & toutes les matieres qui en sont imprégnées donnent de l'aigre au fer : ceux qui ont travaillé à la conversion du fer en acier, savent que le fer peut se surcharger de phlogistique ; & que toutes les matieres en qui le phlogistique & le sel volatil abondent, rendent le fer *acérein*. J'en donne pour preuve la trempe en paquet. Un fer acérein est un fer aigre : or les charbons très-ardents contiennent beaucoup de phlogistique probablement mêlé de sel volatil & de l'acide vitriolique, puisqu'il s'en échappe des vapeurs presque aussi suffoquantes que du soufre brûlant. Je crois donc qu'on peut soupçonner que l'abondance ou la qualité de ce phlogistique est la cause de l'aigreur que certains charbons communiquent au fer ; quelques Physiciens même ont déja pensé que les charbons aigres contenoient plus de sels que d'huile, & les charbons doux plus d'huile que de sels ; mais ce ne sont-là que des conjectures auxquelles il ne faut pas s'arrêter plus long-temps.

Les Dessinateurs qui emploient des crayons de charbon, & les Orfevres, ainsi que divers autres Ouvriers qui se servent du charbon pour polir les métaux, emploient le terme de *charbon doux* dans une signification plus exacte que les Forgerons, puisqu'ils veulent exprimer un charbon tendre qui a le grain fin, comme sont les chabons de bois blanc.

On broie le charbon pour en faire une poudre noire qu'on emploie dans la Peinture.

En calcinant des morceaux d'os & d'ivoire dans des vaisseaux clos, ils deviennent d'un très-beau noir par la réverbération des fuliginosités sur la partie terreuse des os; & quand ils sont broyés, les Peintres en font aussi un très-bon usage.

Tous les charbons font détonner le nitre; & c'est pour cette raison qu'ils entrent dans la composition de la poudre à canon.

EXPLICATION DES FIGURES.

Cette Planche représente une Vente, ou Ourdon ou un Taillis qu'on abat pour en faire du charbon.

Figure 1. Dresseur qui, avec un pic *a*, applanit l'endroit où on veut construire un fourneau : *a b*, diametre du terrein que doit occuper le fourneau : *c*, perche plantée au milieu de ce terrein : nous l'avons nommée le *mât* : *d d*, les premiers bâtons qu'on a dressés contre la perche. Ils doivent être de bois sec.

Figure 2. Un homme monté sur un fourneau, ou plus exactement, sur une alumelle, y arrange le bois de la quatrieme couche. Cette alumelle a déja trois couches finies, *f g h*; l'Ouvrier travaille à la quatrieme *i*. On apperçoit au centre l'extrémité supérieure du mât : *K* est l'endroit où il a laissé un vuide qui s'étend jusqu'au mât, pour mettre le feu au fourneau. On y voit un bâton qu'on retire pour fourrer, dans cette espece de foyer, des branchages secs, des broussailles, des feuillages. On apperçoit encore sur la troisieme couche *h* un tas de bâtons, ainsi que sous le bras de l'Ouvrier : c'est le bois qu'il doit arranger.

Figure 3 est un fourneau qu'un Ouvrier est occupé à bouger ou à habiller. La partie *l m* est bougée, la partie *n o* ne l'est pas encore : *l* est la pelle avec laquelle il place la terre : *m* est une échelle pour monter sur le fourneau quand il est nécessaire. On ne s'en sert ordinairement que quand le fourneau est allumé : avant ce temps on peut marcher sur la terre. En *o*, tout autour de la perche, on laisse un petit espace qu'on ne couvre point de terre, & par lequel s'échappe la fumée.

Figure 4 est un fourneau entiérement bougé, & où on a mis le feu depuis peu : la fumée n'a d'issue qu'en *p p*, autour de la perche : quand elle est chargée d'humidité, elle est fort épaisse, comme on le voit en *q q*.

Figure 5 représente un fourneau où le feu est déja depuis du temps, & qui s'est affaissé : *r r*, trous qu'on a faits avec le manche de la pelle pour déterminer le feu à se porter de ce côté-là : la fumée sort de ces trous. On les a faits dans la figure plus grands qu'ils ne devroient être par rapport à la grandeur du fourneau; mais cela a paru nécessaire pour les rendre plus sensibles. L'ouverture du haut du fourneau est fermée.

Figures 6. 7. 8. On voit trois Ouvriers occupés à refroidir un [illegible]ourneau cuit. L'Ouvrier 6 tire, avec un arc *s*, une partie de la terre de dessus le fourneau. L'Ouvrier 7 suit le précédent, & découvre davantage le fourneau avec un rable *u*. Enfin l'Ouvrier 8 qui suit, rejette, avec une pe[illegible] *x*, sur le fourneau la terre que les autres en ont ôtée.

Figure 9. Abatteur de bois. Cette opération se fait avec un[illegible]oignée. Le Bûcheron coupe les bâtons ou bûche[illegible] de longueur avec une c[illegible]ignée, si le bois est gros ; & avec une serpe ou un volin, s'il est menu.

Figure 10. On voit comme les Bûcherons arrangent le bois en dos-d'âne, à mesure qu'ils l'ont coupé de longueur.

Figure 11. *yy*, corde de bois dressée : *zz*, autre corde de bois qui a été mesurée, ce qu'on reconnoît aux morceaux de bois qui sont couchés dessus : *&*, pieu vertical & un arc-boutant pour soutenir le bois de la corde.

Figure 12. Brouette chargée de bois.

La Planche au-dessous de la Vignette représente les outils dont se servent les Charbonniers.

Figure 13. La brouette en grand. *II*, les deux bras ; *KL*, *KL*, les deux grands montants qui forment les pieds au-dessous de la brouette ; *MM*, les petits montants qui s'assemblent au-dessous de la brouette avec les grands.

Figure 14. La banne jaugée *NOPQ* qui sert à voiturer le charbon. On voit auprès de *Q* les deux volets du devant qui forment l'enfonçure de la banne. Ces deux volets sont représentés ouverts : aussi voit-on le charbon qui tombe en *Q*. Les volets de derriere sont fermés.

Figure 14*. *RSTV* marquent le plan de l'enfonçure de la banne jaugée, & les quatre volets ; *XXYY* est une des deux pieces égales & pareilles, qui ferme un des bouts de la banne, & *XY* fait voir la profondeur de la banne. *YY* étant plus grand que *XX*, fait voir aussi que la banne est plus large par en haut que par en bas.

Figure 15. Deux morceaux de bois coupés de longueur pour en faire du charbon. *AB* est coupé en gueule du côté de *A*, & en onglet du côté de *B*. *ab* est coupé en onglet aux deux bouts. Quand ils sont ainsi coupés, le bois s'arrange mieux.

Figure 16. Arc *DC* : c'est un grand rateau dont les dents de fer ont 7 à 8 pouces de longueur.

Figure 17. Rable *H*, semblable à celui que les Jardiniers employent pour unir les allées.

Figure 18. Pic *G* dont le fer se termine en pointe. Les Charbonniers se servent aussi de pioche dont le fer est large & coupant.

Figure 19. Pelle *F*. Les Charbonniers se servent de celles qui sont en usage dans le pays où ils travaillent.

Figure 20. Cette figure sert à expliquer comment seroient construits les fourneaux,

fourneaux, si on mettoit les morceaux de bois horizontalement, & à faire appercevoir les défauts de cette méthode.

Figures 21 & 21 * représentent des Mulets différemment chargés de sacs remplis de charbon.

Figure 22. Un fourgon pour le transport du charbon.

Figure 23 indique comment, dans certaines Forêts, on rassemble plusieurs perches au centre du fourneau au li[illegible] du mât *e, fig.* 1. Le vuide qui est entre ces perches, est rempli de menu bois sec, pour que le feu se porte promptement dans l'axe du fourneau : il y a des Charbonniers qui appellent assez exactement cet espace vuide, *la cheminée du fourneau.*

Figure 24. Dans d'autres Forêts on forme la cheminée de l'axe avec des bûches qu'on pose horizontalement, ce qui fait une cheminée triangulaire qui s'éleve jusqu'au haut du mât, & on remplit cette cheminée triangulaire avec du menu bois sec.

Figure 25 est la coupe perpendiculaire d'un fourneau, tel que celui de la *fig.* 3 ; ce qui forme un plan à peu près triangulaire, qui passe par l'axe du fourneau & par les lettres *n o p* des figures 2 & 3.

EXPLICATION

De quelques Termes qui ont rapport à l'Art du Charbonnier.

A

ALUMELLE. C'est ainsi que les Charbonniers nomment leur fourneau quand il n'est que commencé ; il ne prend le nom de fourneau que quand il est bougé. Les Alumelles sont ordinairement formées de quatre étages de bûches posées les unes sur les autres : sur le premier étage, qui fait la base, s'en éleve un second qu'on nomme *éclisse* ; le troisieme est le *grand haut* ; le quatrieme est le *petit haut.* Il paroît que le mot Alumelle vient de ce que ce tas de bois est destiné à être allumé.

ARC. C'est un rateau à grandes dents de fer dont les Charbonniers se servent pour ôter la terre de dessus leur fourneau quand le charbon est cuit : il sert encore à charger le charbon dans les *rasées* ou paniers.

B

BANNE. Voiture roulante qui est figurée comme un coffre, jaugé pour savoir ce qu'il tient de charbon Le fond des Bannes s'ouvre comme des trappes qui tombent en bas lorsqu'on veut décharger le charbon.

A Paris, on appelle du *charbon de Banne* tout celui qui arrive par charrois, pour le distinguer de celui qu'on apporte en sacs à dos de mulet, ou en bateau par la riviere.

BOUGER ou HABILLER ou FÉUILLER un fourneau, est couvrir le bois qui est arrangé en alumelle avec de la terre & du *frasil*, & quelquefois des feuilles.

BRAISE. Bois à demi-brûlé, ou charbon trop consumé. C'est dans ce sens qu'on dit, *de la Braise de Boulanger, de la Braise de foyer.*

On appelle aussi de la Braise les charbons qui brûlent dans l'atre après que le bois est consumé ; c'est dans ce sens qu'on dit : *Chaud comme Braise.*

A Paris, sur les ports, on appelle aussi de la Braise les charbons brisés & réduits en petits morceaux, qui sont néanmoins trop gros pour faire du poussier.

C

CHARBON. Bois à demi-consumé qui ne répand point de fumée, mais une vapeur déliée, & qui ne produit qu'une flamme ténue, & ordinairement de couleur bleue.

Le Charbon fossile, qu'on appelle communément charbon de pierre ou de terre, est une terre chargée d'une substance bitumineuse & inflammable.

CHARGER UN FOURNEAU, est arranger le bois pour former une alumelle. Voyez *Alumelle.*

CHEMINÉE DU FOURNEAU, est l'espace vuide qu'on conserve dans l'axe du fourneau pour laisser échapper les premieres fumées.

CORDE. C'est une certaine mesure de bois destiné à être brûlé. On arrange les morceaux de bois parallélement les uns aux autres entre deux piquets pour en faire un parallélipipede. La Corde destinée pour l'approvisionnement de Paris doit avoir quatre pieds de hauteur, huit pieds de longueur, & les morceaux de bois doivent avoir trois pieds & demi de longueur, ce qui fait un solide de cent quarante pieds-cubes. Le bois d'Andelle qui se vend à Paris au compte, n'a que $2\frac{1}{2}$ pieds de longueur.

On dit : *Ce bois fera de bonnes Cordes*; quand il est d'une grosseur convenable pour brûler, & qu'il est bien droit. La Corde à charbon est faite avec du menu bois qui n'a ordinairement que deux pieds & demi ou trois pieds de longueur, & communément la Corde a huit pieds de couche sur quatre pieds de hauteur, ce qui fait, quand le bois a trois pieds de longueur, quatre-vingt-seize pieds-cubes. J'ai dit communément, parce que les dimensions de la corde & la longueur du bois varient suivant les différentes provinces. Le bois tortu ne se corde pas bien.

CUIRE LE CHARBON : c'est mettre le feu au fourneau & le conduire de façon que le bois se convertisse en bon charbon. Quand cette opération a bien réussi, les Charbonniers disent qu'ils ont fait un bon *cuisage.*

D

DRESSEUR. Les Charbonniers appellent ainsi celui qui trace & unit le terrein sur lequel on doit élever un fourneau. Comme c'est un des plus habiles Ouvriers, c'est lui aussi qui dresse & arrange le bois pour former l'alumelle.

E

ECLISSE. Le second étage de bûches. Voyez *Alumelle.*

F

FAULDE. On nomme ainsi les places à charbon ou les endroits où l'on asseoit les fourneaux & fosses charbonnieres.

FOSSES CHARBONNIERES. La même chose que *faulde.* On se sert encore de ce terme quoiqu'on ne cuise point le charbon dans des fosses.

FOURNEAU. On appelle ainsi la pyramide de bois, quand elle est bougée, habillée ou couverte de terre. On dit : *Mettre le feu au fourneau, rafraîchir le fourneau, vuider le fourneau.*

FOYER DU FOURNEAU, est l'endroit par où on met le feu.

FRASIN ou FRASIL ou, suivant Furetiere, FRAISIL, en Angoumois FOISIL. C'est du charbon menu, ou de la braise ou du poussier mêlé avec de la cendre & de la terre qui a servi à couvrir le bois. Il y a des Charbonniers qui habillent ou bougent presque entiérement leur fourneau avec du Frasil.

FUMERON : c'est un charbon qui n'étant pas assez cuit tient de la nature du bois, répand de la fumée, & produit de la flamme.

G

GRAND HAULT. Troisieme lit des bûches qui forment une alumelle. Voyez *Alumelle.*

H

HABILLER UN FOURNEAU. Voyez *Bouger.*

O

OURDON. Vente qu'on exploite. Ce terme n'est pas usité dans toutes les forêts. Voyez *Vente.*

P

PETIT HAULT. Quatrieme lit ou étage de bûches qu'on éleve pour former un fourneau. Voyez *Alumelle.*

PLACE A CHARBON. Voyez *Faulde.*

POUSSIER. On appelle ainsi dans les endroits où l'on vend & débite le charbon celui qui est réduit en poussiere ou en fort petits morceaux.

R

RASÉE ou Pannerée de Charbon, synonyme de *Verse.*

V.

VENTE. Etendue de terrein qu'on détermine dans une forêt, ou dont on adjuge la coupe. Les Officiers des Eaux & Forêts vont asseoir les Ventes. On divise une forêt en ventes & coupes réglées. Les Adjudicataires sont obligés de vuider les Ventes dans un temps fixé. Il y a tous les ans tant d'arpents en vente, &c.

VERSE, une *Verse* est une mane qui contient environ 35 livres pesant de charbon.

FIN DE L'ART DU CHARBONNIER.

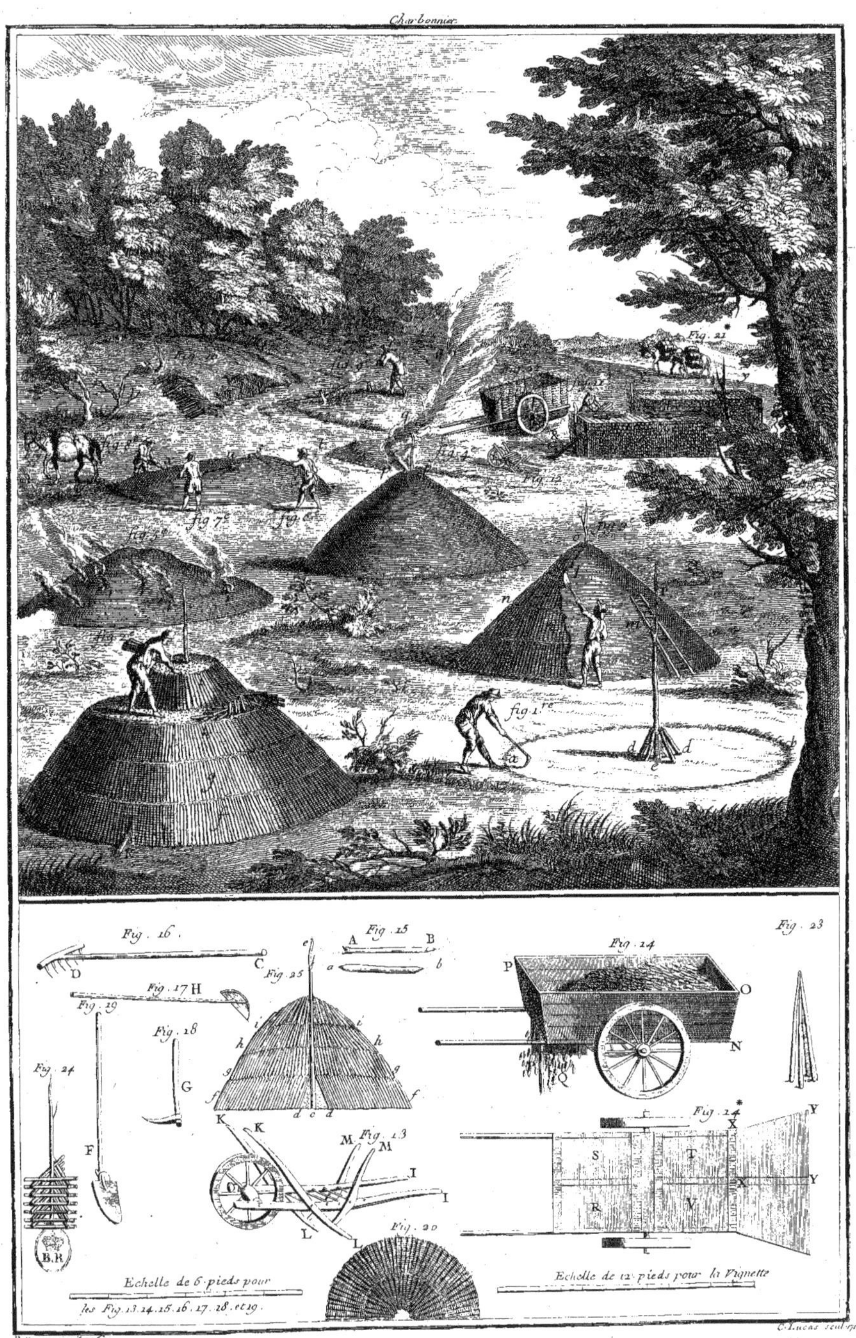
Charbonnier.
fig. 1.re
Fig. 21
Fig. 16.
Fig. 15
Fig. 14
Fig. 23
Fig. 25
Fig. 17
Fig. 19
Fig. 18
Fig. 24
Fig. 13
Fig. 24*
Fig. 20
Echelle de 6 pieds pour
les Fig. 13. 14. 15. 16. 17. 18. et 19.
Echelle de 12 pieds pour la Vignette
B.R.
Patte corrext 1760.
C. Lucas sculp.

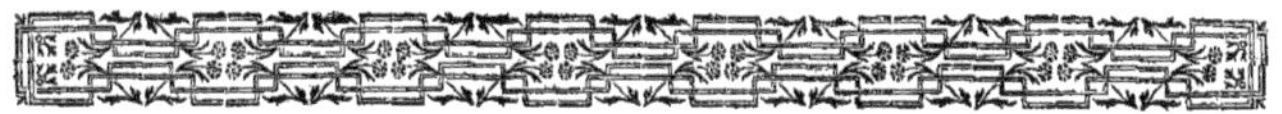

ADDITIONS ET CORRECTIONS

RELATIVES

A L'ART DU CHARBONNIER.

Par M. Duhamel du Monceau, *de l'Académie Royale des Sciences.*

QUOIQUE *j'aie visité plusieurs grosses Forges où l'on fond la Mine & où l'on travaille le Fer, je n'y ai pas fait un assez long séjour pour connoître par moi-même certains détails, tels que la quantité de Charbon qui est nécessaire pour entretenir en feu ces grands Fourneaux. J'ai donc été obligé de m'en rapporter à quelques Mémoires qui m'avoient été fournis par des gens qui devoient, par leur état, en être instruits. Il est vrai que ces Mémoires ne m'avoient été donnés que comme des à-peu-près; car il est certain que la consommation du Charbon doit varier suivant différentes circonstances, telles que la construction du Fourneau, la qualité du Charbon, & la nature de la Mine. Cependant je soupçonnois que la consommation de la matiere combustible, telle que je l'ai donnée dans l'Art du Charbonnier, étoit exagérée; & je désirois la restreindre, sinon à une quantité précise, ce qui ne me paroissoit pas possible pour tous les Fourneaux, au moins à un terme moins éloigné du vrai, que ce que j'avois mis dans l'Art du Charbonnier.*

J'appris que M. Dangenoust, Capitaine en premier dans le Corps Royal d'Artillerie, ayant été chargé pendant plusieurs années de se transporter dans différentes Forges du Royaume qui travaillent pour l'Artillerie, il avoit suivi assiduement le travail de ces Forges, & tenu des Mémoires exacts de ses observations. La confiance que j'avois au sentiment de cet habile Officier, me fit espérer qu'avec son secours je serois en état de rectifier dans l'Art du Charbonnier, ce qui regarde la consommation du bois pour le service des grosses Forges.

M. Dangenoust, qui n'a pour objet que ce qui peut être avantageux au Service, & utile au Public, m'envoya sur le champ les Mémoires que je me fais un plaisir de publier tels que je les ai reçus; invitant ceux qui ont l'Art du Charbonnier, de les joindre à la suite, comme un article très-intéressant pour ceux qui se proposeroient d'établir des Fourneaux pour la fonte & le travail des Mines de fer.

DÉTAILS sur la conſommation du Charbon pour les Forges & Fourneaux à fer : par M. DANGENOUST, Capitaine en premier au Corps Royal d'Artillerie ; avec des Réflexions utiles pour l'exploitation des Mines de fer, & des tentatives pour y employer du Charbon de Houille.

AVANT d'entrer dans le détail de la conſommation d'un Fourneau, il faut établir les meſures en uſage dans la Province où l'on a fait les obſervations.

En Champagne, la Corde charbonniere a preſque par-tout 5 pieds de hauteur, 7 pieds de longueur : & la longueur des bûches eſt de 33 pouces.

L'arpent de bois en coupe de 25 à 27 ans, produit environ 40 de ces cordes de bois.

Par-tout on coupe dès le mois d'Octobre, le bois deſtiné à être converti en charbon pour les Fourneaux. On prétend qu'il y auroit de la perte à le laiſſer trop long-temps ſécher ſur la vente ; ainſi la coupe qui commence au mois d'Octobre d'une année, eſt ordinairement réduite en charbon & conſommée au Fourneau pendant les 11 mois ſuivants. Cet uſage provient peut-être de l'impoſſibilité où ſont les Maîtres des Forges, de s'approviſionner ſuffiſamment de bois pour avoir toujours une coupe en avance.

On prend toutes les précautions qui ſont bien détaillées dans l'Art du Charbonnier, pour choiſir l'emplacement des Fourneaux, les charger, les bouger, & cuire le bois qu'ils contiennent. Toutes les différences qu'on remarque quelquefois, conſiſtent dans quelques pratiques particulieres à chaque Fondeur ou Dreſſeur ; eſclave de ſa méthode, il la croit préférable à toute autre, quoiqu'aſſez ſouvent elle n'ait rien de plus avantageux que les autres pratiques.

Quatre cordes & demie de bois, & cinq au plus, des dimenſions rapportées ci-deſſus, produiſent une banne de Charbon ; cependant lorſque le bois eſt tortueux ou mal arrangé, il en faut ſix.

La Banne contient 20 poinçons, dont dix doivent être combles.

Le Poinçon dont il s'agit, a 20 pouces de diametre, ſur 28 de hauteur.

Le poids du Charbon varie trop pour évaluer celui de la banne. J'en ai trouvé qui ne peſoient que 1500 livres ; il eſt vrai que le Charbon étoit de bois blanc, qui eſt fort commun en Champagne ; mais dans le pays de Liége, entre la Sambre & la Meuſe, on eſtime que la banne peſe 2560 livres.

On préfere pour les Fourneaux le Charbon de Chêne, parce qu'il produit plus de chaleur, & que pour cette raiſon il porte plus de Mine.

Très-peu d'Ouvriers ſavent l'employer à la forge : pour laquelle on recherche celui de Châtaignier ou de Bois Blanc.

Je n'ai point vu jetter le Charbon dans l'eau ; on le conſerve autant qu'il eſt poſſible ſous des hangards ; & j'ai toujours vu les Fondeurs diminuer la charge de mine ſur la quantité ordinaire de Charbon lorſqu'il étoit mouillé : j'en trouve la raiſon dans l'Art du Charbonnier, *page* 24.

Un Fourneau reſte en feu dans l'Angoumois & quelques autres Provinces, pendant huit mois au plus : la qualité des pierres ne ſoutient pas plus long-temps l'action du feu animé par le vent des ſoufflets. L'ouvrage ſe dégrade ſouvent dès le troiſieme mois ; & comme il s'agrandit proportionnellement au dommage qu'il éprouve, on fondroit à perte ſi l'on vouloit continuer ; puiſqu'en chargeant toujours la même quantité de Charbon, on eſt obligé de diminuer celle de la mine à proportion que l'ouvrage ou le creuſet s'agrandit.

Dans la Lorraine, la Champagne, la Normandie, le Luxembourg & le pays de Liége, un Fourneau reſte en feu au moins un an : quelques-uns ſe ſoutiennent même deux ou trois ans ; ce qui dépend de la qualité des pierres & de celle de la mine.

La Conſommation d'un Fourneau en 24 heures, eſt communément de deux bannes & demie de Charbon, ou de 3 bannes au plus ; que l'on diviſe en 18 charges, qui reſtent chacune un peu plus de cinq quarts d'heure à paſſer.

Il eſt cependant bon de faire remarquer que cette quantité de charges n'eſt pas la même dans toutes les Forges ; il y en a où l'on ne porte que 12 ou 14 charges en 24 heures ; mais comme elles ſont plus fortes, la conſommation totale revient à-peu-près au même ; j'en excepte les Forges à canons, où l'on obſerve une manutention différente.

Il ſuit de ce qu'on vient de dire, qu'en comptant même ſix cordes de bois pour obtenir une banne de Charbon, il s'enſuivroit que l'entretien d'un Fourneau ne monteroit qu'à 6570 cordes de bois, ou 1095 bannes de Charbon pour les 365 jours d'une année.

En comparant le produit en fonte de différents Fourneaux que j'ai eu occaſion de voir en travail, je trouve que le réſultat moyen eſt de trois milliers en fonte de gueuſe par 24 heures, & rarement autant en ouvrages moulés.

Un plus grand produit, s'il y en a dans quelques Forges, provient d'une mine plus riche, qui n'exige pas une plus forte conſommation de Charbon.

On peut inférer de ces obſervations, qu'une banne de Charbon ſert à fondre la quantité de mine ſuffiſante pour produire un millier de fonte ou à-peu-près ; & qu'un Fourneau en rend près de onze cent milliers dans une année.

Je me ſuis propoſé de connoître combien il y avoit de déchet ſur les matieres expoſées au feu d'un Fourneau. Pour cela j'ai fait mettre à part les craſſes qui en ſont provenues pendant la fonte d'une quantité de mine connue dont on avoit chargé le Fourneau.

En Mine, ... 6000 liv. } 8500. liv.
En Charbon, ... 2500 }

Il en eſt ſorti

En Litier, ...	1837 liv.	3487 liv.
En Fonte, ...	1650	

Il s'eſt donc perdu en Evaporation ou autrement, ... 5013 liv.

L'objet d'un particulier qui éleve un Fourneau, eſt, ou de fondre la mine pour des ouvrages moulés, comme Canons, Mortiers, Bombes, Boulets, Tuyaux, Marmites, Chaudieres, Contre-cœurs, & autres uſtenciles; ou de couler ſimplement de la Gueuſe, qu'il convertit en fer forgé.

Dans le premier cas, j'ai détaillé la plus forte conſommation de bois qu'il pouvoit faire.

Dans le ſecond, il lui faut d'autres établiſſements & une nouvelle dépenſe de Charbon, pour l'opération indiſpenſable de l'affinerie & de la chaufferie.

On employe une banne & un quart de Charbon, pour affiner, chauffer & forger quinze cents livres de fonte, qui rendent un millier de fer; & en travaillant à double, c'eſt-à-dire, jour & nuit à une affinerie, on forge de 1600 à 1800 livres de fer: de maniere qu'en déduiſant les jours de fêtes, de ſéchereſſe, ou de gelée, pendant leſquels on ne travaille point à la Forge, on peut faire dans l'année quatre cents milliers de fer, qui conſomment cinq cents bannes de Charbon, ou 3000 cordes de bois.

En ſuppoſant donc qu'un fourneau, une affinerie & une chaufferie, ſoient en feu toute l'année, le Maître de forge emploiera 9570 cordes de bois. Mais avec une ſeule affinerie, il ne peut faire que 400 milliers de fer; pour leſquels il ne lui faut que 600 milliers de fonte: par conſéquent il eſt inutile qu'il faſſe aller ſon fourneau au-delà de ce qu'il lui faut pour l'entretien de ſa forge. D'où il ſuit qu'en le tenant en feu ſeulement pendant 6 mois, il ſe procurera aſſez de gueuſe pour occuper ſon affinerie toute l'année, avec ſeulement onze cents bannes de Charbon, ou 6600 cordes de bois pour ſatisfaire aux deux objets, à raiſon d'une banne par millier de fonte, & d'une banne un quart par millier de fer.

On peut juger d'après ce détail, qu'il faut deux affineries & une chaufferie, pour convertir en fer forgé, la quantité de fonte que rendroit un fourneau pendant une année; & c'eſt ſur ce pied, & d'après les obſervations que j'ai rapportées, qu'un Maître de forge doit ſe pourvoir de bois & de charbon.

M. Dangenouſt m'a de plus fait part de quelques épreuves qui ont été faites pour cuire la Houille, & la rendre propre à être employée comme le Charbon de bois pour les grands fourneaux des Forges. Ces Expériences ſont trop intéreſſantes aux Maîtres de Forges, pour ne les pas rapporter ici.

On a fait, *c'eſt M. Dangenouſt qui parle*, depuis 10 ans à Saurbrick, des eſſais ſans nombre pour rendre la Houille propre à être employée comme le Charbon de bois, à fondre la mine de fer. M. Jars, de l'Académie des Sciences, qui l'avoit vu employer avec ſuccès en Angleterre, a renouvellé cette idée à ſon paſſage par ici.

J'ai

J'ai été voir avec lui les établiſſements de Saurbrick ; il rendra compte mieux que moi des Fourneaux établis pour débarraſſer la Houille de ſes ſoufres & bitumes, & en tirer une huile, dont on prétend ſe ſervir pour différentes choſes.

Nous avons appris ſur les lieux, qu'on n'avoit pu réuſſir à fondre la mine avec la houille ſeule, quoique décompoſée, mais qu'on s'en étoit ſervi avec ſuccès pour des Fourneaux de poterie, en la mêlant à partie égale avec du Charbon de bois, ſur la quantité ordinaire de mine. Le produit en fer ayant été moindre qu'avec le Charbon, & le fer forgé de mauvaiſe qualité, on a pour ces raiſons ceſſé d'employer pour les Fourneaux du Charbon de houille ; mais on a continué à décompoſer la houille, parce que l'huile & le bitume qu'on a retiré, joint avec le Charbon de houille qui peut ſervir pour chauffer les appartements, a dédommagé amplement du travail.

Mais d'après les éclairciſſements que nous a donné M. Jars, M. de Hayange a mis de cette houille dans un de ſes Fourneaux pendant 34 heures dans les proportions ſuivantes :

14 Charges de mine, avec 5 ſixiemes de charbon, & un ſixieme de houille.

13 Charges de mine, avec 2 tiers de charbon, un tiers de houille.

18 Charges de mine, avec moitié de charbon, & moitié de houille.

Les deux premieres proportions ont parfaitement réuſſi ; la fonte a été belle, & le litier fort coulant ; mais avec la derniere, la fuſion a été plus lente, le creuſet plus embarraſſé, les ſcories ſeches, & le Fondeur aſſujéti à un travail continuel ; cependant la tuyere toujours claire.

Le produit du Fourneau a été à l'ordinaire. On a forgé les différentes fontes avec ſuccès : elles ſe ſont trouvées aiſées à affiner.

Cette épreuve aſſure qu'on peut tirer parti de la houille pour économiſer le bois ; & qu'en changeant quelque choſe à la conſtruction intérieure du Fourneau, on parviendra à une fuſion parfaite, ſur-tout en donnant plus de chûte aux étalages. Elle invite les Maîtres de forge, qui ſe trouveront à portée des houilleres, à tenter ce procédé, qui conduira peut-être à trouver des moyens de ſe ſervir de la houille en plus grande quantité que le Charbon de bois, lorſque les Ouvriers ſeront plus expérimentés ſur la façon de l'employer.

M. Jars a indiqué des moyens plus ſimples de réduire la houille en charbon, que ceux qu'on emploie à Saurbrick.

M. Dangenouſt me marque qu'il a été témoin des eſſais qu'on a faits depuis le départ de M. Jars, & qu'ils promettent, pour les Fourneaux qui ſe trouvent à portée des houilleres, une grande économie ſur le bois ; ce qui eſt très à déſirer pour le bien de l'Etat. Déja M. de Hayange ſe propoſe d'en faire uſage dans ſes fondages.

C'eſt ce qui m'engage à terminer ce petit Mémoire d'additions, par un de feu M. Jars, de l'Académie des Sciences, qui a été adreſſé à la Compagnie par M. ſon frere.

MANIERE de préparer le Charbon minéral, autrement appellé Houille, *pour le ſubſtituer au Charbon de bois dans les travaux Métallurgiques, miſe en uſage dans les Mines de Sainbel, ſur les documents de feu M.* Jars, *de l'Académie Royale des Sciences, pratiquée, perfectionnée & décrite par M.* Gabriel Jars, *ſon frere, intéreſſé auxdites Mines.*

L'utilité des Houilles ou Charbons de pierre, eſt depuis long-temps reconnue en France, & rend précieuſes les carrieres de ce minéral qu'elle poſſede.

On l'emploie dans les Forges, & on le ſubſtitue avec avantage dans pluſieurs cas au Charbon fait avec le bois, dont il importe d'autant plus de diminuer la conſommation, que l'on ſe plaint avec raiſon que la quantité en diminue ſenſiblement dans le Royaume, & que les forêts ſe détruiſent par les coupes ſans être remplacées par des plantations équivalentes.

Il ſeroit donc à déſirer pour l'Etat, que dans tous les lieux à portée de ſe pourvoir de Charbons de pierre ou de terre, on s'habituât à s'en ſervir à l'exemple de la ville de Lyon, dans laquelle depuis un certain nombre d'années, le peuple l'emploie, comme à Saint-Etienne & à Saint-Chamont, à tous les uſages domeſtiques, ce qui produit une épargne pour le conſommateur, & un bénéfice pour le Royaume.

A plus forte raiſon eſt-il d'une grande importance qu'on puiſſe le ſubſtituer au Charbon de bois dans le traitement des Mines qui en exige une ſi grande quantité. Mais il ſe préſente pluſieurs inconvénients; le Charbon foſſile tel qu'on le tire de la carriere, nuit ſinguliérement aux opérations Métallurgiques, & le plus grand de ſes défauts eſt de détruire une quantité conſidérable de métal dans les fontes.

Les Anglois qui ont beaucoup de Mines de Charbons de pierre & peu de bois, paroiſſent avoir été les premiers à faire des tentatives pour obvier à ces inconvénients. J'ai vu dans un Manuſcrit *ſur l'Art d'exploiter les Mines de Charbon*, que les premiers eſſais faits à ce ſujet, remontent à des dates très-anciennes; & Swedemborg, très-habile Minéralogiſte, en parle, mais comme d'un Art qui de ſon temps n'avoit pas été porté à ſa perfection.

L'induſtrie des Anglois ſurmonta dans la ſuite les difficultés, & ils parvinrent par des opérations aſſez ſimples au but déſiré, c'eſt-à-dire, à ôter au Charbon minéral ſes qualités nuiſibles à la fonte des métaux; ils reconnurent bientôt tous les avantages qu'apportoit cette découverte: mais ils faiſoient un myſtere de leurs procédés, & la France à peine inſtruite de leurs ſuccès, n'en partageoit point le bénéfice; lorſque feu M. Jars, de l'Académie des Sciences, & Aſſocié de celle de

Lyon, fut envoyé par le Miniſtere dans tous les pays où l'on exploite les Mines, pour y faire des obſervations ſur divers objets relatifs à l'avancement des Arts.

Un des objets ſur leſquels cet Académicien crut devoir jetter les yeux, fut la maniere de préparer le Charbon de pierre pour l'employer utilement dans les opérations Métallurgiques; il fit à ce ſujet toutes les recherches poſſibles, & me fit part de ſes conjectures & des moyens qu'il imaginoit pour arriver au même point que les Anglois. Un voyage que bientôt après nous fîmes enſemble dans le Nord, ſuſpendit les expériences que je me propoſai de faire ſur cet objet dans les Mines de Sainbel. Au retour de mon voyage, je ne tardai pas à m'en occuper; la réuſſite de mes premiers eſſais m'encouragea : je continuai les tentatives; j'eus bientôt la ſatisfaction de voir que mes travaux n'étoient pas infructueux, & dans l'eſpérance de les rendre plus utiles encore, je me fais un devoir de les ſoumettre au jugement de l'Académie, qui en aſſurera le ſuccès.

Toute eſpece de Charbon foſſile nuit aux fontes des Métaux, quoique dans différens dégrés ſuivant ſes diverſes qualités; le but que l'on doit ſe propoſer, eſt de détruire les principes nuiſibles qu'il renferme, & de conſerver ceux qui ſont utiles à la fonte.

Sans vouloir entrer dans une analyſe profonde de ce minéral, on ſait en général qu'il eſt, comme tous les bitumes, compoſé de parties huileuſes & acides; dans ces acides, on diſtingue un acide ſulphureux, à qui je crois que l'on peut attribuer principalement les déchets qu'on éprouve, lorſqu'on l'emploie dans la fonte des Métaux. Le ſoufre & les acides dégagés par l'action du feu dans la fuſion, attaquent, rongent & détruiſent les parties métalliques qu'ils rencontrent : voilà les ennemis que l'on doit chercher à détruire; mais la difficulté de l'opération conſiſte à attaquer ce principe rongeur, en conſervant la plus grande quantité poſſible des parties huileuſes, phlogiſtiques & inflammables, qui ſeules operent la fuſion, & qui lui ſont unies.

C'eſt à quoi tend le procédé dont je vais donner la méthode; on peut le nommer *le déſoufrage*. Après l'opération, le Charbon minéral n'eſt plus à l'œil qu'une matiere ſeche, ſpongieuſe, d'un gris noir, qui a perdu de ſon poids & acquis du volume, deux obſervations qui paroiſſent intéreſſantes. Je remarquerai encore que ce Charbon s'allume plus difficilement que le Charbon crud, mais que ſa chaleur eſt plus vive & plus durable.

Le Charbon minéral ainſi préparé, ſe nomme en Angleterre *Coaks*, & ſe prononce *Coks*; les Anglois s'en ſervent avec avantage pour fondre différents minerais; les Orféfvres l'emploient pour fondre les métaux fins : on en brûle auſſi dans les poëles & les grilles des appartements.

Le procédé au moyen duquel le Charbon de pierre devient *Coaks*, eſt facile en apparence; il ne s'agit que de faire brûler la Houille, comme on brûle le bois pour faire du Charbon; mais il exige une pratique bien entendue & beaucoup de précautions, ſoit dans la conſtruction des Charbonnieres, ſoit dans la conduite du feu, ſans quoi l'on n'obtient que des *Coaks* imparfaits & incapables d'être employés utilement, ce qu'il eſt aiſé de reconnoître à la ſeule inſpection, & par le déchet que doit faire telle ou telle qualité de Charbon, après des épreuves faites avec exactitude, ainſi qu'on peut en juger par celles des Houilles des Mines de Rivedegier, dont il eſt fait mention dans le Procès-verbal ci-après.

Pour réuſſir à obtenir de bons *Coaks*, il eſt de la plus grande importance, & même indiſpenſable, d'avoir une bonne qualité de Charbon qui ſoit exempt de pierre ou roche, c'eſt-à-dire, tel qu'eſt celui de Rivedegier, dénommé *Charbon de maréchal*; c'eſt le ſeul dans ces Mines qui ſoit propre pour les Forges & à l'uſage auquel nous le deſtinons; car l'autre eſpece appellée *Charbon pérat*, qui ne ſert ordinairement que pour la grille, comme tenant plus long-temps au feu, eſt mêlé de beaucoup de pierres qui lui donnent de la peſanteur. Le premier au contraire eſt très-léger, luiſant & friable, en un mot tel qu'il doit être pour s'en ſervir avec avantage.

La Benne ou Banne du Charbon pérat, peſe brut, . . . 290 à 300 liv.

La Benne du Charbon de Forge, ... 270 à 280.

La Benne des *Coaks*, ... 170 liv.

Lorſqu'on s'eſt aſſuré de cette qualité de Charbon, les Ouvriers Charbonniers ne doivent point encore en négliger le choix; ils doivent en ſéparer la roche que l'on rencontre quelquefois dans les gros morceaux : on fait ce triage en les caſſant.

Pour déſoufrer la Houille avec profit, il eſt reconnu que les morceaux doivent être réduits à la groſſeur de 3 à 4 pouces cubes, afin que le feu puiſſe agir & pénétrer dans leur intérieur.

Après avoir formé un plan horiſontal ſur le terrein, on arrange ce Charbon morceau par morceau; on en compoſe une Charbonniere d'une forme à-peu-près ſemblable à celle que l'on donne pour faire du Charbon de bois, & de la contenue d'environ 50 à 60 quintaux, quantité ſuffiſante pour obtenir de bons *Coaks*; car j'ai obſervé après diverſes épreuves, qu'en les faiſant plus fortes, il en reſte beaucoup après l'opération que le feu n'a pénétré qu'en partie, & d'autres où il n'a pas touché.

Il en arrive autant ſi l'on donne aux Charbonnieres trop d'élévation, quoique dans le même diametre: l'inconvénient eſt encore plus grand, ſi comme je l'ai éprouvé, on place le Charbon indifféremment & de toutes groſſeurs.

Une Charbonniere conſtruite de la maniere que je viens de l'indiquer, peut & doit avoir 10, 12, juſqu'à 15 pieds de diametre, & 2 pieds à 2 pieds & demi au plus de hauteur dans le centre.

Au ſommet de la Charbonniere, on laiſſe une ouverture d'environ 6 à 8 pouces de profondeur, deſtinée à recevoir le feu que l'on y introduit avec quelques Charbons allumés lorſque la Charbonniere eſt achevée, alors on la recouvre & l'on peut s'y prendre de diverſes manieres.

Une

Une des meilleures & la plus prompte, eſt d'employer de la paille & de la terre franche qui ne ſoit pas trop ſéche; on recouvre toute la ſurface de la Charbonniere avec cette paille, que l'on met aſſez ſerrée pour qu'une épaiſſeur d'un bon pouce de terre que l'on jette par-deſſus & pas davantage, ne tombe pas entre les Charbons, ce qui nuiroit à l'action du feu.

A défaut de paille, on peut y ſuppléer par des feuilles ſéches; mais on n'eſt pas toujours dans le cas de s'en procurer. J'ai fait eſſayer auſſi de recouvrir avec des gazons ou mottes; mais il n'en réſulta pas un bon effet.

Une autre méthode qui, attendu la rareté & cherté de la paille, eſt miſe en pratique aujourd'hui aux Mines de Rivedegier, par les Ouvriers que les Intéreſſés des Mines de Cuivre y emploient à cette opération avec un ſuccès que j'ai éprouvé, eſt celle de recouvrir les Charbonnieres avec le même Charbon; cela ſe fait comme il ſuit:

L'arrangement de la Charbonniere étant achevé, on en recouvre la partie inférieure depuis le ſol du terrein juſqu'à la hauteur d'environ un pied avec du même Charbon crud, tel qu'il vient de la carriere & des déblais qui ſe font dans le choix du gros Charbon; le reſtant de la ſurface eſt recouvert avec les déchets des *Coks*, qui ſont en très-petits morceaux.

Par cette méthode, on n'a pas beſoin comme par les autres, de pratiquer des trous autour de la circonférence pour l'évaporation de la fumée; les interſtices qui ſe trouvent entre ces *Coks* y ſuppléent, & font le même effet; le feu agit également par-tout.

Lorſque la Charbonniere eſt recouverte juſqu'au ſommet, alors l'Ouvrier apporte, comme il a été dit, quelques Charbons allumés qu'il jette dans l'ouverture, & acheve d'en remplir la capacité avec d'autres Charbons. Quand il juge que le feu a pris, & que la Charbonniere commence à fumer, il en recouvre le ſommet, & conduit l'opération comme celle du Charbon de bois, ayant ſoin de reboucher les endroits où le feu a paſſé, afin d'empêcher que le Charbon ne ſe conſume, & ainſi du reſte, juſqu'à ce qu'il ne fume plus, ou du moins que la fumée en ſorte très-claire, ſigne conſtant de la fin du *déſoufrage*.

Pour toute cette manœuvre, l'expérience des Ouvriers eſt très-néceſſaire.

Une telle Charbonniere tient le feu quatre jours, & pluſieurs heures de moins, ſi l'on a recouvert avec de la paille & de la terre; lorſqu'il ne fume plus, on recouvre le tout avec de la pouſſiere de Charbon pour étouffer le feu, & on le laiſſe ainſi pendant 12 ou 15 heures; après ce temps on retire les *Coks* partie par partie à l'aide de rateaux de fer, en ſéparant le menu qui ſert à recouvrir d'autres Charbonnieres.

Lorſque les *Coks* ſont refroidis, on les enferme dans un Magaſin bien ſecs; s'il s'y trouve quelques morceaux de Charbons qui ne ſoient pas bien déſoufrés, on les met à part pour les faire paſſer dans une nouvelle Charbonniere: on en a de cette façon pluſieurs en feu, dont la manœuvre ſe ſuccède.

Trois Ouvriers ayant un emplacement aſſez grand, peuvent préparer dans une ſemaine 350 juſqu'à 400 quintaux de *Coks.*

Il eſt eſſentiel de bien dépouiller le Charbon minéral de la roche & des pierres qui peuvent y être mêlées ; car il eſt arrivé, ſoit par défaut d'expérience des Ouvriers, ſoit par leur négligence, que pluſieurs Charbonnieres n'ont produit que des *Coks* imparfaits, qui dans la fonte ont occaſionné beaucoup d'embarras ; d'où j'ai conclu que les acides deſtructeurs n'avoient pas été ſuffiſamment détruits, & que l'on n'en avoit pas ſéparé des pierres qui ne fondant point, s'accumuloient dans l'intérieur du Fourneau.

J'en ai la preuve dans l'eſſai que j'ai fait de la Houille de Sainte-Foi-l'Argentiere, à trois lieues de Sainbel, qui a préſenté les mêmes inconvénients au bout de quelques heures de fonte, puiſqu'elle eſt unie à une grande quantité d'une eſpece de ſchiſte très-réfractaire, & par conſéquent peu propre à cette opération ; au lieu que les *Coks* produits de la Houille choiſie des Mines de Rive-degier, ont procuré dans la fonte des minerais de cuivre, tout le ſuccès qu'on pouvoit en attendre, comme il eſt prouvé ci-après.

Par le décompte détaillé des Charbons de terre des Mines de Rivedegier, mis en déſoufrage à Sainbel depuis le 20 Janvier 1769, juſqu'au 10 Mars ſuivant, il eſt conſtaté que ces Charbons perdent ou déchetent dans cette opération de 35 pour cent, c'eſt-à-dire, que 100 livres de Charbons cruds, ſont réduites à 65 livres de *Coks.* Ce fait a été vérifié pluſieurs fois aux Mines de Rive-degier, où depuis le premier Avril 1769, les Intéreſſés des Mines du Lyonnois, occupent trois Ouvriers à cette préparation.

D'où il réſulte que le quintal de ces *Coks*, rendu à Sainbel tous frais faits, achat du Charbon, façon des Ouvriers, emplacement pour la préparation, proviſion & tranſport, revient à environ 44 ſols poids de marc.

FONTE DE COMPARAISON.

Le 7 Mars 1769, à deux heures & demie après midi, on commença la fonte de comparaiſon dans deux Fourneaux courbes ou à manche, d'une grandeur ſemblable, & allant d'une égale vîteſſe ; on garnit l'un en *Coks*, & l'autre en Charbon de bois à l'ordinaire ; la fonte fut continuée juſqu'au 18 à la même heure : elle avoit été interrompue pendant 13 heures le Dimanche 12, pour réparer & refaire les baſſins d'avant-foyer & de réception. On employa donc pour le total de la fonte 251 heures pour fondre en tout onze cens quatre-vingt-deux quintaux de minerais mêlés de la mine du pilon & de celle de chevinay rôtis à 4 feux, ſuivant l'uſage ci . . . . 1182 quintaux.

Savoir,

1182. 672 quintaux dans le premier Fourneau garni de *Coks*, ont produit en matte, 114 quintaux.

Ils ont consommé 330 quintaux, poids de marc de Coks, ce qui a 44 sols, fait monter la dépense à .... 726 liv.

510 quintaux dans le second Fourneau avec le Charbon de bois, n'ont produit en matte, que 89 quintaux.

Ils ont consommé 316 voies de Charbon de bois, qui à 47 sols prix commun, fait monter la dépense à .... 742 liv. 12 s.

D'où il résulte :

Si 510 quintaux minerais fondus avec le Charbon de bois, coûtent 742 liv. 12 sols, les 672 quintaux fondus de même, auroient coûté . 78 liv. 9 s. 8 d.

Mais les 672 quintaux minerais fondus avec les *Coks*, n'ont dépensé que .... 726 liv.

Donc, il y a un bénéfice dans une fonte de 12 jours & à un seul Fourneau, de .... 252 liv. 9 s. 8 d. ce qui fait environ le quart.

Le gain sur le temps est encore un objet de conséquence, puisque dans les temps de sécheresse, la riviere fournit si peu d'eau, qu'on est obligé de suspendre les fontes ; on a donc un avantage réel dans l'opération : car, si pour fondre 510 quintaux de minerais, on a employé avec le Charbon de bois 251 heures, il auroit fallu pour fondre les 672 quintaux, 330 heures trois quarts.

Mais avec les *Coks*, les 672 quintaux ont été fondus en 251 heures.......

Donc, on gagne .... 79 heures trois quarts, ou trois jours sept heures dans une seule fonte.

Pour parvenir à reconnoître plus particuliérement l'emploi que l'on peut faire du Charbon de terre au lieu de Charbon de bois, dans différentes opérations de Métallurgie,

J'ai fait, après la fonte mentionnée ci-dessus, fondre dans le même Fourneau avec des *Coks*, une partie d'un grillage de matte de cuivre, de laquelle on a obtenu environ trois quintaux de cuivre noir, pour le raffiner, le fondre ensuite & le battre au martinet, à l'effet de reconnoître si quelques portions acides, sulphureuses, qui auroient pu rester dans les *Coks*, n'altéreroient point le métal.

Les trois quintaux de cuivre ont été raffinés sur le petit foyer, fondus & étendus sous le marteau, autant qu'il a été possible, sans qu'on y ait remarqué aucune fente ni gersure.

Toujours dans la même vue, on a fait rôtir à part les 114 quintaux de matte, produits de la fonte du minerai avec les *Coks* ; on a obtenu le cuivrenoir qui a été raffiné, fondu & battu sous le marteau comme le premier avec tout le succès possible ; d'où il s'ensuit qu'il est bien prouvé que les *Coks* ne nuisent point à la qualité du cuivre, & peuvent être employés utilement.

OBSERVATIONS.

En détaillant le mérite de l'opération, je ne dois pas en dissimuler les inconvénients. J'ai fait ouvrir les Fourneaux, & j'ai observé que celui où l'on a fondu avec les Coks, a été beaucoup plus endommagé que l'autre, il s'agit de l'*ouvrage*, & qu'il s'y est formé dans l'intérieur des cavités plus grandes.

On ne s'étonnera point de cette différence, si l'on remarque que la chaleur des Coks est bien plus vive que celle du Charbon de bois ; mais pour peu qu'on réfléchisse sur cet inconvénient, il est prouvé qu'il n'est rien en comparaison des avantages qui résultent de l'emploi de cette matiere combustible ; l'augmentation de dépense ne roulera que sur une réparation un peu plus considérable à la fin de chaque fonte, & sur la durée de l'*ouvrage* des Fourneaux, qui sera dans le cas d'être renouvellé chaque année, au lieu de ne l'être que tous les deux ans suivant l'usage.

Pour prévenir en partie cet inconvénient, & parce qu'il ne seroit pas possible de se procurer dans ce moment-ci la quantité de Coks dont on auroit besoin, à raison du service public qui a lieu journellement au bord des carrieres de Rivedegier, j'ai trouvé qu'en le mêlant à moitié ou à tiers avec le Charbon de bois, il en résultoit un très-bon effet, & cela se pratique actuellement dans nos Fonderies depuis le premier Avril dernier avec succès.

On comprend aisément que le mélange dans la fonte des deux matieres combustibles, ne donne pas les mêmes avantages que l'emploi des Coks seuls ; mais ils seront toujours assez grands pour le faire préférer à tous égards au Charbon de bois sans Coks.

Les Ouvriers Fondeurs en ont remarqué comme moi la différence, & donnent la préférence au mélange pour avoir une fonte plus égale ; d'ailleurs, il est constant que de quelque maniere qu'on emploie les Coks, ils accélerent la fonte des matieres ; les Fourneaux supportent une charge plus forte de minerais, sans augmenter la quantité de Charbons, & la dépense est moindre.

Une autre observation très-essentielle, c'est celle du dégré de chaleur qu'acquiert la matte ou masse réguline dans l'intérieur du Fourneau pendant le cours de la fonte, dont j'ai fait plusieurs fois la comparaison dans les percées de l'avant-foyer au bassin de réception ; de cette augmentation de chaleur résulte un très-grand avantage.

On conçoit que la matte plus échauffée se purifie & se dégage d'autant plus des parties sulphureuses qu'elle renferme ; on l'obtient, il est vrai, en moindre quantité, mais elle est plus riche en métal, d'où naît nécessairement l'économie

du bois

du bois dans les rôtissages qui suivent l'opération, & du Charbon dans les fontes.

Les Anglois fondent la plupart des minerais de fer avec les Coks, dont ils obtiennent un fer coulé excellent qui se moule très-bien : mais jamais ils ne sont parvenus à en faire un bon fer forgé.

Les Coks ont donc leur utilité pour tous les ouvrages qui se jettent en moule : feu M. Jars, dans la tournée qu'il fit en 1768, dans les Forges d'Alsace, en fit faire un essai qui réussit très-bien.

Les Anglois ont encore une autre méthode de préparer le Charbon de terre pour les Fontes, dont ils retirent non-seulement les Coks, qu'ils nomment pour lors *Cinders*, mais encore la partie grasse, avec laquelle ils fabriquent du gaude-ron. Cette opération se fait par la distillation dans un Fourneau fermé. Les Liégeois, à leur exemple, suivent cette méthode depuis un an, & emploient avec succès les Coks dans la fonte des minerais de fer.

De toutes ces observations, il résulte qu'indépendamment du bénéfice que la nouvelle méthode introduit dans le traitement des mines, elle assure une diminution de consommation en Charbons de bois, ce qui doit, avec le temps, faire baisser le prix de ces Charbons. On peut objecter qu'en même temps cela fera hausser celui du Charbon de terre : mais cet inconvénient n'est que momentané. Il est naturel de penser que pour profiter de cette consommation, les Propriétaires des Mines extrairont une plus grande quantité de Charbons, qui raménera bientôt l'ancien prix.

Il n'en est pas de nos Mines de Charbon comme de nos forêts; leur abondance est bien reconnue ; mais c'est un nouveau motif pour exciter à la recherche de nouvelles carrieres, pour faciliter l'exploitation, & pour encourager ceux qui en secondant les vues du Gouvernement, travaillent à la perfection des Arts.

Envoyé à l'Académie, par M. Gabriel Jars, le 9 Janvier 1770.

F I N.

Fautes à corriger à l'Art du Charbonnier.

A la Note qui est au bas de la page 7, *mettez* la Marne *au lieu* de l'Oise, & l'Oise *au lieu* de la Marne. *Ainsi lisez* : Il arrive du Charbon à Paris par l'Oise, qui vient de Chauni, de Compiegne, de Conflans-Sainte Honorine ; & par la Marne, qui entre dans la Seine à Conflans-l'Archevêque.

A la page 13, ligne 23, on a fait masculin le mot *aire* : il est féminin.

A la page 21, ligne 22, quand on dit qu'il ne faut pas conclure que le volume du bois est diminué de moitié, il faut concevoir qu'on entend *en plus ou en moins* : car par ce qui est dit ensuite au sujet du produit en Charbon, il est établi qu'il excede la moitié. Mais toutes ces conséquences sont données comme des à-peu-près.

www.ingramcontent.com/pod-product-compliance
Ingram Content Group UK Ltd.
Pitfield, Milton Keynes, MK11 3LW, UK
UKHW022142190726
13855UKWH00003B/1293

9 782013 045643